よしたに&源の やってみよう！ビジネス英語

Yoshitani & Minamoto

絵——よしたに　　監修——GLOPAL, Inc.

成美堂出版

はじめまして
よしたにです

※『ぼく、オタリーマン。』第1〜5巻、『理系の人々』第1〜2巻（以上、中経出版）、『ぼくの体はツーアウト』第1巻（集英社）発売中！

目次

よしたに＆源の **やってみよう！ビジネス英語**

「はじめまして よしたにです」……… 02

第1章 あいさつ ……… 13

ちゃんと「はじめまして」を言おう！
……… 16

もうひとつ上の攻略WORDS
「よろしくお願いします」と言いたい！……… 24

コラム めざせ国際派！おまけの社交スキル
握手で気持ちを伝えよう！……… 26

第2章 電話 ……… 27

電話でアポ取り大作戦！
……… 30

もうひとつ上の攻略WORDS
電話に必要な英語表現をマスター！……… 38

コラム めざせ国際派！おまけの社交スキル
頑張りすぎない電話のルール ……… 40

本書の使い方

- 本文中の「重要フレーズ」と、「もうひとつ上の攻略WORDS」で、ビジネスに必須の英語表現をまとめて紹介しています。声に出すなどしながら、くり返し読んでみましょう。
- 付属CDでは、上記のフレーズおよび、P16とP30のセリフを聞くことができます。(収録時間＝約26分)
- 各章の「覚えておこう！」欄では、本文に出てきた語句の中から必須表現を抜き出し、紹介しています。
- 「コラム　めざせ国際派！おまけの社交スキル」で、英語を使ったビジネスの基本的なマナーやルールを身につけることができます。

第3章　メール ……… 41

失礼のないビジネス・メールとは？ ……… 44

もうひとつ上の攻略WORDS
メールに必要な英語表現をマスター！ ……… 52

コラム　めざせ国際派！おまけの社交スキル
個性を出したい「結びの言葉」 ……… 54

第4章　ミーティング ……… 55

英語でミーティングに挑戦！ ……… 58

もうひとつ上の攻略WORDS
自信を持って会議をまとめよう！ ……… 66

コラム　めざせ国際派！おまけの社交スキル
自己表現できなきゃ意味がない！ ……… 68

第5章 オフィス会話 ……… 69

同僚・上司とスムーズに会話したい！……… 72

もうひとつ上の攻略WORDS
同僚・上司ともっともっと話したい！……… 80

コラム めざせ国際派！おまけの社交スキル
評価し合って生まれる緊張感……… 82

第6章 交渉・クレーム ……… 83

負けない交渉術！……… 86

もうひとつ上の攻略WORDS
ハッキリ「NO」を伝えよう！……… 94

コラム めざせ国際派！おまけの社交スキル
「謝らないアメリカ人」って本当？……… 96

第7章 プレゼンテーション ……… 97

プレゼンを制する英語力！……… 100

もうひとつ上の攻略WORDS
共感・納得を促す表現をマスター！……… 108

コラム めざせ国際派！おまけの社交スキル
スピーチの合言葉は「3」……… 110

第8章 書類作成 ……… 111

笑われない！英文文書の作り方 ……… 114

もうひとつ上の攻略WORDS
丁寧な文章を書いて驚かせよう！……… 122

コラム めざせ国際派！おまけの社交スキル
本名で楽しむ海外のSNS ……… 124

第9章 パーティー ……… 125

これで浮かない！社交の英語 ……… 128

もうひとつ上の攻略WORDS
同僚を飲みに誘ってみよう！……… 136

コラム めざせ国際派！おまけの社交スキル
知っておこうパーティーの表現 ……… 138

第10章 面接 139

英語でしっかり自己アピール！
.... 142

もうひとつ上の攻略 WORDS
良い印象を残す面接をめざそう！......... 150

コラム めざせ国際派！おまけの社交スキル
英語履歴書を書くコツ 152

第11章 「ありがとう」 153

心をこめて「ありがとう」を言おう！
.... 156

もうひとつ上の攻略 WORDS
さらに思いを伝える表現を覚えよう！......... 166

コラム めざせ国際派！おまけの社交スキル
感謝のプレゼントを渡そう 168

覚えておきたい！ 英単語・フレーズチェックリスト 169

第 1 章 あいさつ

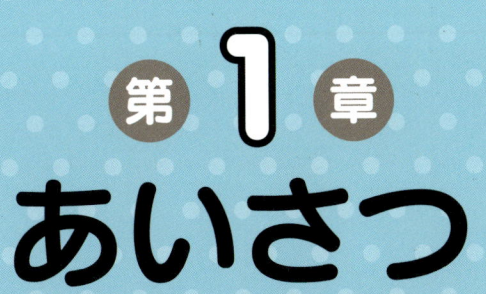

ちゃんと「はじめまして」を言おう!

よしたにが働く会社が、突然アメリカのオレンジ・コンピュータ（OC）社と技術提携することに。しかも早速先方の担当者が打ち合わせに日本にやって来るそうで、なんと日本側の担当者として、よしたにに白羽の矢が立ってしまった。そして、当日、OC社の担当者はさらりとあいさつしながら手を差し出した。

ブラウン Hi, I'm James Brown. Pleased to meet you.
（はじめまして。ジェームス・ブラウンです。お会いできてうれしいです。）

よしたに 何て返したらいいんだ!?

よしたに：まさかこの僕が英語を使って仕事をすることになろうとは。思ってもみなかった……。

源：33歳にして新たな挑戦の始まりですね！　おめでとうございます！

よしたに：何が「おめでとう」だ！　そうやっていつも僕のピンチを楽しんで！

源：いえいえ、心から応援してるんですよ。頑張っていきましょう！

よしたに：ううう……。で、アメリカから来た人に「**Pleased to meet you.**」ってあいさつされたわけなんだけど……。

源：なるほど、いきなりそんなシチュエーションに放り込まれたら、そりゃ大変ですねえ。で、何て答えたんですか？

よしたに：むかーし、「はじめまして」＝「How do you do?」って習ったんで、それを……。でも相手がちょっと「？」みたいな顔をしたのを僕は見逃さなかった！　間違ってるの？「How do you do?」。

源：「How do you do？」は、どっちかというと、イギリス英語で「ご機嫌いかがですか？」と聞いているようなイメージなのでちょっと仰々しすぎますねえ。アメリカでは、特にビジネス・シーンでは、今はあんまり使わないです。ブラウンさんも一瞬、「ん？これ答えたほうがいいのかな……」と困惑したのかも。

よしたに：教科書に載ってたのになあ。礼儀正しくて良かったりもしないの？　日本人同士だとお辞儀して「どうぞよろしくお願いいたします」なんて言うでしょ。

源：そうですねえ。でも、英語を話してるときは、もっと気楽に考えたほうが話しやすいですよ。じゃ、まずはカンタンなあいさつの英語を覚えておきましょうか。

重要フレーズ❶

Nice to meet you!（お会いできてうれしいです！）
My pleasure.（こちらこそうれしいです）
You, too.（こちらこそうれしいです）
Likewise.（同じくうれしいです）

よしたに：「**Nice to meet you!**」はもちろん知ってるんだけど、仕事で言うにはちょっとカジュアルすぎる気がしてたんだけど……。

源：全然そんなことないですよー。ビジネスとはいえ、アメリカ人相手ならかしこまりすぎるのはNGです。ちなみにブラウンさんが言った「**Pleased to meet you.**」も「Nice to meet you.」と全く同じ意味です。**pleased**は、「うれしい、喜んでいる」ってこと。「**My pleasure.**（こちらこそうれしいです）」のpleasureはこの名詞形ですね。

よしたに：ふむふむ。で、「**You, too.**」って……相手が「あなたに会えてうれしい」って言ってくれているあいさつなんだから、答えは「Me, too.（僕もです）」が正解なんじゃじゃないの？

源：ええ、ついそう思いがちなんですけどね、これは「**(Nice to meet) you, too.**」という文章の前半を略してるわけなんです。「Me, too.」にすると、「Nice to meet me, too.」と「私も私に会えてうれしいです」と、「自分大好き！」な人になるので要注意ですよ！

よしたに：そうだったんだ！　それにしても、そういう英文の略し方って難しいんですけど……。SVOC（主語＋動詞＋目的語＋

補語）とか習ったからね！　学校の文法の授業で！

源：さすが理系だけあって、規則が気になるんですね。ルールにこだわるのももちろん大事なんですけど、語学はある程度場数を踏んで、「これはこういうもんだ」って経験をストックしていくほうが臨機応変に対応できますよ。完璧な英文にならないと口を開けないようでは、いつまでたっても英語を話せるようになれませんから。

よしたに：なるほどー。

源：「**Likewise.**（同じく）」は、ちょっとクール＆フォーマルで、日本人にこう言われると「おっ、やるな」と思うかもしれませんよ。ひとことで「こちらこそ」と言っているイメージ。簡単だし、覚えておいて損はないですよ。じゃあ次は簡単な自己紹介の表現も勉強してみましょう！

重要フレーズ❷

I'm Makoto Yoshitani of Otaryman Corporation. I'm the systems engineer and project manager of the Development Department.
（オタリーマン株式会社のよしたにまことです。開発部でシステムエンジニア兼プロジェクトマネジャーとして働いています）

I have been here for six months setting up project A.
（半年間ここでAプロジェクトの立ち上げに関わっています）

よしたに：あー、このへんなら、まだそんなに苦労せずに口から出そうだなあ。ほんとに「自己紹介」だね。

源：ええ、まずは自分がどういう立場の者なのか伝えないといけないですからね。そして、「～社の」というときは前置詞**of**を使いますよ！　また、「システムエンジニア」の**system**には**s**が付くので注意しましょうね。

よしたに：それは間違いやすそうだなあ……気をつけなくちゃ。

源：「**set up**」は「立ち上げる」という意味のフレーズですが、「**set up a meeting**（ミーティングの日取りを決める）」のように、「準備する」という意味でもよく使われます。

よしたに：なるほど。半年って、「**six months**」以外に何か言い方なかったっけ……。えーと、ハーフ、ハーフなんとか。

源：「**half a year**」ですね。そう言ってももちろんOKです！英語では**half**の後に**year**や**hour**などを付けることでその半分を意味することが多いのですが、「**half an hour**（30分）」のように、冠詞**a**や**an**が付きますので忘れずに。日本の英語学習者は冠詞が苦手ですので、意識的に覚えていきましょうね。ちなみに、「**a half year（hour）**」も間違いじゃないですよ。どちらかというと、「a half year」がイギリス寄り、「half a year」がアメリカ寄りの表現ですが。

よしたに：へー！　そうだったんだ！　とにかくこのへんの表現はまるごと覚えておいてスラスラ出てきたほうがいいんだろうなあ。ああ、気が重い。

源：そうですね！　記憶したフレーズを使ううちに、少しずつ違うバリエーションもあわせて覚えていくとやりやすいでしょうね。

よしたに：道のりは長そうだなあ……。

源：ひとつひとつ頑張っていきましょう！　では続いて、名刺を渡すときのフレーズを覚えましょうね。

重要フレーズ❸

Here's my business card.
(こちら、私の名刺です)

This is me.
(こちら、私の連絡先などです)

Call me anytime if you need anything.
(何かありましたらいつでもご連絡ください)

よしたに：「**Here's my business card.**」はまだ分かるけど、「**This is me.**」って何だ！「これが私です」ってそりゃそうでしょ。目の前に立ってるんだから！

源：いやいや、そうでなくて。名刺(business card)を渡しながら言うんですよ。「これが私です」、つまり「これが私の連絡先です」って意味なんですよ。

よしたに：へぇ……。なんかあれだね、英語ってのはいろいろと余計な部分を省いてしゃべったりするもんなんだね。

源：それは言えるかもしれないですねー。しかも口語のほうがそれが顕著なんですよ。だからこそ「英会話」では、フレーズごと覚えてまずは使ってみるってのがいいかもしれないですよ。

よしたに：なるほど。で、「**Call me anytime if you need anything.**」は、「何か必要な場合はいつでも電話してください」ってことね。そんな、anytime(いつでも)、anything(何でも)で、実際に電話されたら困りますよ、僕は！

源：まあまあ。そこはお愛想も含めて、そのくらい言っておいたほうが印象がいいんですって！ こういうプラスアルファのひとことが関係を良くするんだから！

**よしたに**：うう……。

- ☐ まず自分がどういう立場の人間かしっかり伝えよう
- ☐ かしこまりすぎる必要はない
- ☐ まずはフレーズを丸ごと覚えて使っていこう

覚えておこう！

(be) pleased to ... 「〜できてうれしい」
set up 「立ち上げる」
half a year / a half year 「半年」
anytime 「いつでも」

ブラウン **Here's my business card.**
（こちら私の名刺です）

よしたに **Call me anytime if you need anything.**
（何かありましたらいつでもご連絡ください）

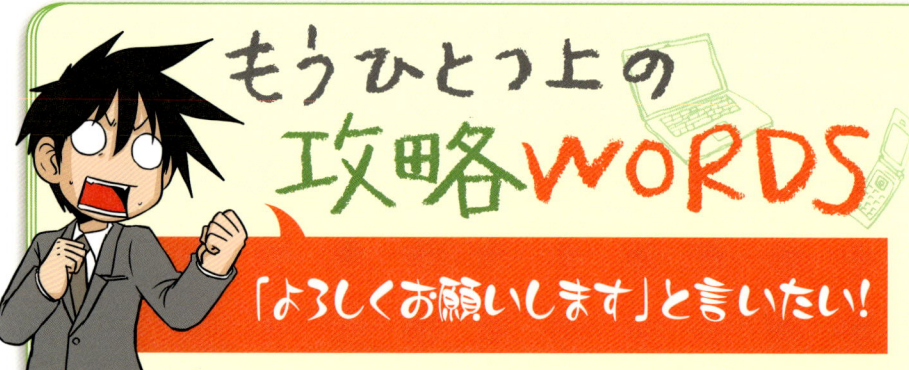

「よろしくお願いします」と言いたい！

スムーズに自己紹介できるようになったら、もうひとことくらい付け加えたい。日本語の「よろしくお願いします」にあたるようなプラスアルファの表現を覚えて、良い印象を与えよう！

(be) thrilled to ...
「〜できてうれしい・わくわくする」

例 **I'm thrilled to be here with you.**
（皆さんとここでご一緒できてとてもうれしいです）

(be) glad to ...
「〜できてうれしい」

have a chance to ...
「〜する機会がある」

例 **I'm glad to have a chance to work with you.**
（一緒にお仕事ができてうれしく思います）

hear about ...
「〜についての話を聞く」

例 **I've heard a lot about you.**
（お噂はかねがね伺っております）

Thank you for ...
「〜していただきありがとうございます」

- Thank you very much for coming today.
  (本日はご足労いただきありがとうございます)

I hope ...
「〜と望む」

- I hope you had a nice flight.
  (飛行機の旅が快適なものであったならいいのですが)

How do you like ... ?
「〜はどうですか？」

- How do you like Japan so far?
  (日本はいかがですか？)

(be) new
「初心者である」

- I'm completely new here, so I'll be asking you many questions.
  (とにかく初めてのことなので、たくさん質問をしてしまうと思います)

learn from ...
「〜から教わる」

- I hope I'll learn a lot from you.
  (たくさんのことを教えていただけるのを楽しみにしています)

(be) sure (that) ...
「きっと〜だろう」

- I'm sure that I'll need your help.
  (きっとお力を借りることと思います)

おまけの社交スキル
握手で気持ちを伝えよう！

　いよいよ、よしたにさんのビジネス英語生活がスタートしました！　皆さん、よしたにさんの挑戦を応援してくださいね。

　こちらのコーナーでは、外国人相手にビジネスを行う場合に覚えておくと良いヒントをご紹介していきます。

　日本ではあまり見られない光景ですが、相手がアメリカ人などの場合は、ビジネス・シーンでも初対面で握手を求められる場合があります。その場合は、相手の手を握り返し、軽く2、3回振って手を離しましょう。海外のマナー・スクールなどでは、「適度に固く5秒ほど握手するのがいい」と言われていますが、強く握りすぎたり、勢い余ってハグをしたりしないように。

　ちなみに、女性が相手の場合は、女性から手を差し出されてから握手することが一般的なマナーと言われています。

　いずれの場合も、一番大事なのは、相手の目をしっかり見ること。欧米文化ではアイ・コンタクト（目を合わせること）はとても重要だと考えられています。英語がまだ得意でない間は特に、アイ・コンタクトとスマイル（笑顔）で場を乗り切っていきましょう。

電話でアポ取り大作戦！

オレンジ・コンピュータ（OC）社との提携業務が始まり、先方の担当者であるアメリカ人のブラウンさんとのやり取りに緊張し続ける、よしたに。いよいよ実務に移らなくてはならないため、アポイントメントを取るためにOC社の日本支社に連絡。しかし、電話に出たのはほかの外国人スタッフ。考えてみたら英語で電話は初めて！　どうしよう!?

ウィリアム Hello, Orange Computer. How may I help you?

（はい、オレンジ・コンピュータ社です。どういったご用件でしょうか？）

よしたに：……てな感じで、まくし立てられたわけですよ。そんないきなりアレコレと言われてもね！

源：いやいや、全然まくし立ててないでしょ。ちなみに「**How may I help you?**（どういったご用件でしょうか？）」は、電話応対側の表現として覚えておくといいですよ！……というのは置いといて、そのとき、よしたにさんは何て答えたんですか？「ハロゥ？」の後に。

よしたに：なんか「アー、ブラウン、ブラウン」ってモゴモゴ言ってたら「いません」的な何かを答えられた気がするので、ガチャリと切ってみたよ！

源：えー……。ほんとは伝言残したり、いつ戻ってくるか聞きたかったんでしょうに。まあ、英語に自信がないと電話ってかなり緊張しますよね……。

よしたに：分かってくれるかい。

源：ええ。それじゃあ、まず、ビジネス英語のマナーとして、ビジネスの電話においてきちんと「敬語」を使う癖をつけましょうね。

よしたに：敬語？　英語にも敬語ってあるの？　日本語よりカジュアルな雰囲気で話してるイメージだし、上下関係があまりないように見えるから、ないんだと思ってたんだけど……。

源：まあ、厳密に言うと日本語の敬語っぽくはないかもしれませんが、丁寧に話すための表現はちゃんとありますよ。それを使用するかどうかで、与える印象がかなり違うので、せっかくだからこの機会に覚えてしまいましょう。

重要フレーズ❶

Could I talk to Mr. Brown, please?
（ブラウンさんはいらっしゃいますか？）

Would you connect me to the Sales Department?
（営業部につないでいただけますか？）

May I have extension 213, please?
（内線213をお願いします）

 よしたに：ほほう。電話を切った後に僕が思いついたのは、「Is Mr. Brown there?（ブラウンさんはいますか？）」なんだけど、それと比べると、上記の表現のほうが丁寧なの？

 源：もちろん！ 「**Could I (you) … ?**」「**Would you … ?**」「**May I … ?**」の3つは、「英語の敬語」として覚えておいて損はないですよ。どれも「〜していただけますか？」というニュアンスの丁寧な表現です。会社によっては、交換台や代表番号を通して電話をしないといけなくて、内線や部署を言ってつないでもらうことも多いですよね。そんなときはこれらのフレーズを使ってお願いしてみましょう。

 よしたに：ふむふむ。「Can I … ?」よりも過去形の「Could I … ?」のほうが丁寧なのか。

 源：そうなんですよ、面白いですよね。そこはビジネス英語を使う中で最も重要なポイントのひとつです！ 過去形ではありますが、ここでは過去のことを表してるわけではなくて、「もしお願いできれば……」という遠慮がちなニュアンスを表現しているんです。日本語でもすごい丁寧な店員さんがたまに「〜でよろしかったで

しょうか?」なんて言ってくることありますよね。英語でも「丁寧に言いたいなら過去形!」と覚えておくといいですよ。

よしたに：なるほどー！ ちなみに、電話に出た人に「ブラウンさんはいない」って言われたみたいなんだけど、うまく聞き取れなかったんだ。何て言ってたんだろうなぁ。「He's not here.」とか、簡単な表現じゃなかった気がするんだよね。その前に何か言っていたような……。

源：おそらく、「**I'm afraid he's not here right now.** (残念ながら彼は今不在です)」とか、「**I'm sorry, but he's not available now.** (申し訳ありませんが今電話に出ることができません)」とかじゃないでしょうかね。どちらも不在の場合、よく使われる丁寧な表現ですよ。

よしたに：「**I'm afraid**」って「私は不安に思う」とか「怖い」とかって意味じゃなかったっけ？ まあ実際に電話中の僕は不安いっぱいだったわけだけども！ 一体なんでそんな言葉が頭に付くの？

源：ここでの「**I'm afraid ...**」は、「**I'm sorry, but ...**」と同じ意味で使われているんですよ。日本語にするとすれば、「申し訳ありませんが……」というニュアンスです。相手にとって不都合な内容を丁寧に伝える際には、最初に「I'm afraid ...」や「I'm sorry, but ...」を付けることが多いんです。「**I'm afraid I can't see you on Friday.** (申し訳ありませんが、金曜日はお会いすることができません)」のように。

よしたに：なるほどー！ こうしてみると、英語って思ったよりちゃんと敬語っぽい表現があるんだなぁ。

源：ですよね！ じゃあ話したかった相手が不在だと言われたときに、さらに質問したりお願いしたりするための表現も紹介しちゃ

いましょうね。

重要フレーズ❷

Could I leave a message?
(伝言していただいてもよろしいでしょうか？)

Would you tell him I called?
(私がお電話したことを伝えていただけますか？)

Do you know when he'll be back?
(いつお戻りになるかご存じですか？)

OK, I'll call him again later.
(では、またかけ直します)

よしたに：へえー。伝言を残すって、動詞は**leave**なんだね。ちなみに、日本語でよく言う「お手数をおかけしますが」なんて言いたい場合はどうするの？

源：そうですねえ、「**I'm sorry to bother you**（ご面倒をおかけしてすみません）」や「**Sorry to trouble you**（お手数をおかけしてすみません）」などの表現がありますが、ここでは特に必要ないですよー。電話かけてもらったのに本人がいない、みたいに、はっきりした不便をかけてない場合はわざわざ謝ったりしなくても大丈夫です。基本的に英語の文化圏では、たくさんお礼は言うけど謝りすぎることはしなくて良い！と覚えておくといいです。

よしたに：日本語はよく「すみません」「申し訳ない」「恐縮ですが」って言うのに、英語では違うんだね。でもそういう慎ましやかなところが素晴らしいんだよ、日本人は！

源：うんうん、私もそう思いますよ。まあ、どっちがいいとかより、どっちにもいいところがあるってことでしょうね。ちなみに、伝言を受ける側だと、「**Could I take a message?**（伝言をお預かりしましょうか？）」と動詞**take**を使いますので、あわせて覚えておきましょう。

よしたに：なるほど。電話を受けるとき「折り返し電話させます」って言いたいときあるよね、それは？

源：「**I'll have him call you back.**（彼に電話を折り返させますね）」と、使役動詞としての**have**を使いましょう。「have〔人〕〔動詞〕」で「〔人〕に〔動詞〕させる」という意味になる表現ですね。haveの場合は〔人〕と〔動詞〕の間にはtoは不要なので、間違えないようにしてくださいね。ほかには、「**make sure ...**（〜を確実にする）」というフレーズを使って、「**I'll make sure he'll call you back.**（電話を必ずかけさせます）」と言うのも一般的ですね。

よしたに：なるほど。そういえば「コールバック」は日本語でも言うもんなー。知ってみるとそんなに難しくないなあ。なんであんなにビビったのか……。

源：初めてですもの、そんなもんですよ！ 少しずつ覚えていけばきっともっとスムーズにやり取りできるようになりますよ。その中で、間違えながらでも努力さえしていれば、きっと相手にも伝わりますしね。頑張ってる人は応援して力を貸そうとするのも、英語文化のひとつなんですよ！

第2章のポイント

- □ 英語の丁寧表現をおさえてビジネスシーンで使おう
- □ さらに丁寧に話したいときは過去形を使おう
- □ 「ありがとう」は多めに、「すみません」は少なめに

覚えておこう！

Could you … ? / Would you … ?
「〜していただけますか？」

May I … ? 「〜してもよろしいでしょうか？」

I'm afraid … 「残念ながら〜」

I'm sorry, but … 「申し訳ありませんが〜」

leave a message 「伝言を残す」

call … back 「〜に電話を折り返しかける」

have … call 「〜に電話をかけさせる」

make sure … 「〜を確実にする」

> Do you know when he'll be back? Could I leave a message?

> Sure!

よしたに **Do you know when he'll be back? Could I leave a message?**
（いつお戻りになるかご存じですか？　伝言していただいてもよろしいでしょうか？）

ウィリアム **Sure!**
（もちろんです！）

もうひとつ上の攻略WORDS

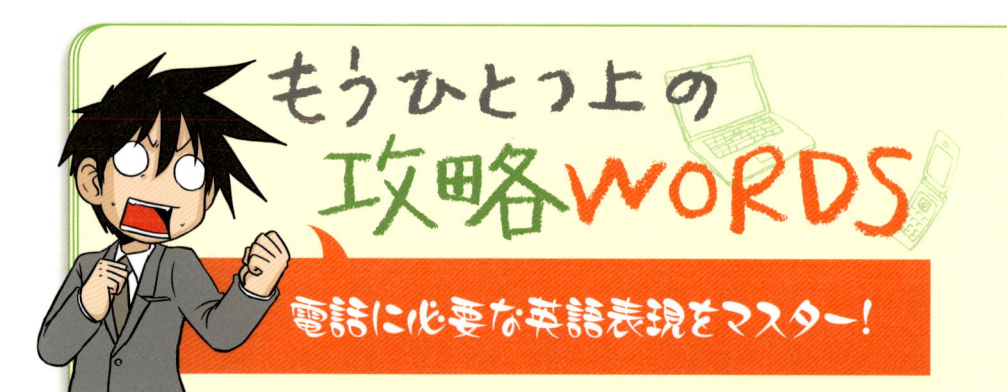

電話に必要な英語表現をマスター！

相手の顔が見えない電話で英語を話すのは誰でも緊張するもの。電話で必要な表現をあらかじめ覚えて、スムーズに話せるようにしよう！

have one's name
「名前を聞く」

例 Can I have your name, please?
（お名前をお聞かせ願えますか？）

who's calling
「どちらさま」

例 May I ask who's calling?
（どちらさまでしょうか？）

put on hold
「保留にする」

例 Let me see if I can find Mr. Yamada. Can I put you on hold?
（山田を探してきます。少々お待ちいただけますでしょうか？）

put through
「つなぐ」

- 例 OK, I will put you through to Ms. Tanaka.
  （分かりました、田中におつなぎいたします）

on another line
「ほかの電話に」

- 例 I'm sorry, but he's on another line.
  （申し訳ありませんが、彼はほかの電話に出ております）

This is ... calling.
「～と申します」

- 例 Hello, this is Taro Mitaka calling for Mr. White.
  （もしもし、三鷹太郎と申しますがホワイト様はいらっしゃいますか？）

Speaking.
「私です」

- 例 "Could I talk to Ms. Kato?" "Speaking."
  （「加藤さんはいらっしゃいますか？」「私です」）

gone for the day
「直帰予定」

- 例 I'm afraid she's gone for the day.
  （彼女は外出しており直帰予定です）

direct number
「直通番号」

- 例 This is my direct number. Please use it the next time you call.
  （こちらが私の直通番号です。次回からはこちらにおかけください）

おまけの社交スキル
頑張りすぎない電話のルール

　外資系企業では「ボイスメール」というシステムがよく使われています。「ボイスメール」は、社員ひとりひとりに与えられた留守電付きの番号のことで、その人が席にいない場合にはメッセージをマシンに残しておくことができるというもの。一見合理的ですが、第三者の手を煩わせていない分だけ、折り返しの電話がなかなかかかってこなかったり、コミュニケーション・ツールとしておざなりなものになったりすることもあります。

　また、今はどこの会社もメールを多用するので、メールと電話をバランス良く使い分けましょう。もちろんアメリカでも今は、PCメールと同様に携帯メールもよく使用されており、「text」が「携帯メールを送る」という意味の動詞として使われています。

　また、日本ではよく「メールだけでなく、きちんと電話をかけないと失礼にあたる」なんて上司に言われることがありますが、アメリカなどではそんな意識はほぼありません。メールを送った上に電話が来たら「この人、なんでこんな面倒なことするの？」と不思議がられるかもしれませんので、ご注意を。

第3章
メール

電話が
終わりました
しゅううううう……
スケジュール
決まった？
なんとか
あ、はい
…あー、多分
多分？
いや、アポが
取れたのは確実
なんですけど
日程のところ
早口で…
？
心配なら確認のために
メール出しておいてね
今でなくていいから
……
電話の次は
メールですか…！
いや、間違いないって
自信があるならそれで
いいけど
上手く聞き取れ
なかったんでしょ
間違えたら英語で弁解
しなきゃいけなくなるよ
……………。
それはイヤだ……
大丈夫
中学の時は毎日
英語で日記
かいてたもの
その頃はできる子だったものっ
※20年前のことです

さて
「お世話になっております
よしたにです」
「本日はご足労いただき
ありがとうございました」
日本語でいうと。
こういうときは
確実に分かるところから
訳してみよう…
This is Yoshitani.
Thank you!
昭和のミュージシャンか
センキュー――!!
ああ雰囲気だけ英語にするとこうなるのか。
日程は箇条書きで
いいとして…
前後のあいさつが
まったくわからん
Date: 4/30/2011
とかかけな。
パターン①
英語で確認する
↓
おまえのいうことが
わからん
↓
僕が恥をかく
パターン②
確認しない
↓
（予定が合ってなかったら）
上司が現地で困る
↓
僕怒られる
どっちがより
イヤだろう…!!
デッドロック

失礼のないビジネス・メールとは？

「お世話になっております、よしたにです」なんて……英語でどう言ったらいいんだ？

ようやく電話でアポイントメントを取りつけた、よしたに。しかし、一難去ってまた一難、今度は確認のためのメールを出さなくてはいけなくなった。日本語でのビジネス・メールなら慣れたものだけど、英語でメールを送るのは初めて。まず出だしはどうしたらいいのかすら分からない。どんなメールを書けば、失礼なく良い印象を残せるのだろうか？

よしたに「お世話になっております、よしたにです」なんて……英語でどう言ったらいいんだ？

よしたに： 電話の次はメールか……。そもそも、ビジネス・メールの出だしをどう書いていいのかが分からない。昔、学校では英語の手紙は「**Dear ...**」で始めるのがいいって習ったんだけど、ビジネスの相手に「親愛なる」って、なんか変じゃない？

源： いえいえ、英語では文頭に「**Dear**」を付けてもおかしくないですよ。ときどき「**To**」を付けたメールも見ますけど、むしろそこまで行くと事務的すぎて失礼になりますからね。「**Dear Mr. Brown,**」、または、何も付けずに「**Mr. Brown,**（ブラウン様）」などが適切でしょうね。さらに、「**Hello Mr. Brown,**（こんにちは、ブラウンさん）」、とメールをスタートしてもOKですよ。

よしたに： ほーう。さすが英語、やっぱり結構カジュアルなんだね。「こんにちは」からいきなりスタートするのは、僕には勇気がいるけどなあ。

源： ビジネスの交渉相手でも、ある程度面識があったら、ファースト・ネーム（名前）でメールをやり取りするようになったりしますよ。「**Hi Jim,**」なんてね。まあ最初は「Dear Mr. Brown,」「Mr. Brown,」あたりの丁寧なメールでご機嫌伺いをしておくのがいいでしょうね。

よしたに： なるほどー。じゃあ、メールの最初はそれでいいとして、日本語のビジネス・メールで必ずといっていいほど最初に書く、「いつもお世話になっております」は英語で何て言ったらいいの？

源： 英語を学ぶコツのひとつは、日本語をそのまま無理に訳そうとしないことですよ、よしたにさん。英語には英語の文化があるので、まずはそれを覚えて、その中で礼儀をつくすことを考えてみましょう。英語のビジネス・メールの最初のあいさつとして、良さそうな表現を紹介しますね！

重要フレーズ❶

Thank you very much for coming today.
（本日はご足労いただきありがとうございました）

It was great to see you today.
（今日お会いできてうれしかったです）

I hope this e-mail finds you well.
（益々ご健勝のことと存じます）

Hope all is well with you.
（ご健勝でいらっしゃることを願っております）

よしたに： ふむふむ。確かに日本語の「お世話になっております」とはずいぶん雰囲気が違う表現ばっかりだね。でも「ご足労いただきありがとうございました」は日本語メールでも言うことが多いかな。

源： 前章で「『ありがとう』は多めに、『すみません』は少なめに」と話しましたが、英語でのコミュニケーションではとにかく「感謝」の気持ちを表すことがとーっても多いんです。何を言ったらいいか分からないときは、とりあえず「ありがとう！」と元気に言っておけばいいと覚えておいてもいいですよ。メールでは、25ページでも紹介した「**Thank you very much for coming today.**」などの表現を使うといいでしょう。感謝を伝える表現として、この「Thank you for ...（〜してくれてありがとうございます）」は最もよく使われるのでぜひ覚えてください。2つ目の「**It was great to see you today.**」も、お礼の一種みたいなものですが、会えてうれしかった気持ちをストレートに表していますね。

よしたに：こういう、ポジティブな感情をダイレクトに伝える表現って、使い慣れるまでちょっと時間がかかりそうだけどね。あと、その後の、「**I hope this e-mail finds you well.**」ってのがちょっと分からないな。I（私）じゃなくて、**this e-mail**が主語になってるんだね。

源：これはフレーズごと覚えておいたほうが楽ですね。直訳すると「このメールが届くときあなたが健康でありますように」ってことですね。「ご健勝」はちょっと意訳っぽいですけど、英語でもこうして相手の健康や幸せを祈る言い方がちゃんとあり、最初に書くことで心遣いを見せることができるわけです。

よしたに：「**Hope all is well with you.**」は同じことを言っているのに……「I」を入れないの？　略すにしたって、「I」しか略してないじゃん！　なら、略さなきゃいいのに！　まぎらわしい！

源：ええ、そうなんですけどね（笑）。今度文房具店で英語のグリーティング・カード見てみてください。英文では、こういう略し方は結構あるんですよ。ちょっとしたことなんですが、こんなあいさつができたら、相手は「おっ」と思うかもしれませんよ。

よしたに：よーし、じゃあ略しまくって、書いてやろうじゃないか。フハハ！……あ、それは違うの？　あ、そう。それで、英文メールの真ん中はまあ業務連絡としての要件を書くとして、結びはどうしたらいいの？　仕事の話はなんとか書けるんだけど、結局一番悩ましいのはその前後のあいさつの英文なんだよね。「今後ともどうぞよろしくお願いいたします」も、やっぱり日本語的な文章なんでしょ？

源：そうですねー。そのまま訳すとやっぱり不自然になってしまいます。でも英語のメールにも最後のあいさつとしての表現はちゃ

んとありますよ。英語文化では、礼儀をつくすには、とにかくポジティブ！であることが大事です。最初が「お礼」で始まるなら、最後は相手を持ち上げて終えましょう。

重要フレーズ❷

I look forward to working with you.
（一緒に仕事することを楽しみにしております）

Hope to hear from you soon.
（また近々ご連絡いただけるのをお待ちしております）

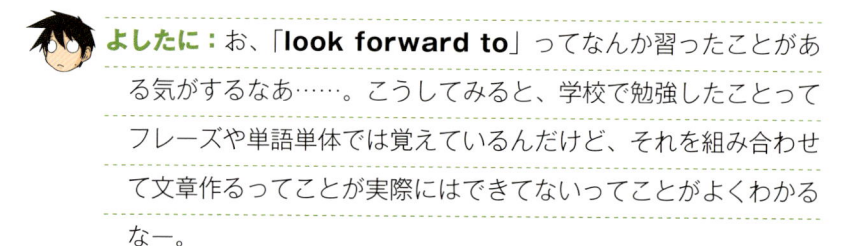

よしたに：お、「**look forward to**」ってなんか習ったことがある気がするなあ……。こうしてみると、学校で勉強したことってフレーズや単語単体では覚えているんだけど、それを組み合わせて文章作るってことが実際にはできてないってことがよくわかるなー。

源：日本の学校教育はもともと受験対策の暗記主体でしたからね、そういう人はたくさんいると思いますよ。ですから、できればフレーズや単語はシチュエーションと一緒に覚えておいて、次に間違いをおそれずにどんどん使っていくことが大事です。さて、「**look forward to ...ing**（～を楽しみにしている）」も間違える人が多いフレーズですが、**to**の後は必ず**...ing**形になるので、ここで覚えておきましょうね。メールや手紙でとてもよく使われる表現です。

よしたに：「会うのを楽しみにしています」っていうのは、例えば「**I want to see you soon.**（またお会いしたいです）」とかじゃダメなの？

源:「**want to ...**」はけっこうカジュアルかつ直接的な表現なんですよ。ビジネス・シーン、特にメールや手紙を書く際には、少なくとも want to は、より丁寧な表現である「**would like to ...**」に変えたほうがいいですね。それでも、まだそんなに親しくない人相手に「**I would like to see you soon.**」なんて言っちゃうと、ビジネスなのに「あなたにとにかく会いたい！」という意味になってしまうので、変な気があるように取られかねないですよ。

よしたに:（ビクッ！）それは絶対避けたいな……。あ、2つ目、また「I」だけ略してる！「**hear from you**」って、訳すと「あなたから聞く」……？　どういう意味？

源:「**hear from**〔人〕」は、「〔人〕から連絡をもらう」という意味のフレーズです。「look forward to ...ing」と同様に、こちらも間違いなく相手に良い印象を与えることができる表現なので、ぜひ使いこなしましょうね。

よしたに:そんなねえ！　簡単に使いこなそうなんて言って！　英文でメール送るのもひと苦労なんだからね！

源:まあまあ。出だしと最後のあいさつがちゃんとしているメールを送っておけば、ブラウンさんもきっとすぐお返事をくださいますよ、頑張りましょう！

よしたに:むう。じゃあまあ書いてみるか、えーと……「Dear Mr. Brown, It was great to see you today.」

第3章のポイント

- ☐ メールの冒頭：「Dear Mr. Brown,」「Mr. Brown,」「Hello Mr. Brown,」
- ☐ 最初のあいさつは「ありがとう」からスタートしよう
- ☐ 最後は相手に良い印象を残す表現で締めくくる

覚えておこう！

Thank you very much for …
「～してくださりありがとうございます」

It was great to …
「～できてうれしかったです」

find … well 「～が元気にしていると知る」

all is well with …
「～が元気でやっている」

look forward to …ing
「～できることを楽しみにする」

hear from …
「～から連絡をもらう」

ブラウン **It was great to see you, too!
I look forward to seeing you soon!**
(こちらこそお会いできてうれしかったです！　近々またお会いできるのを楽しみにしております！)

もうひとつ上の攻略WORDS

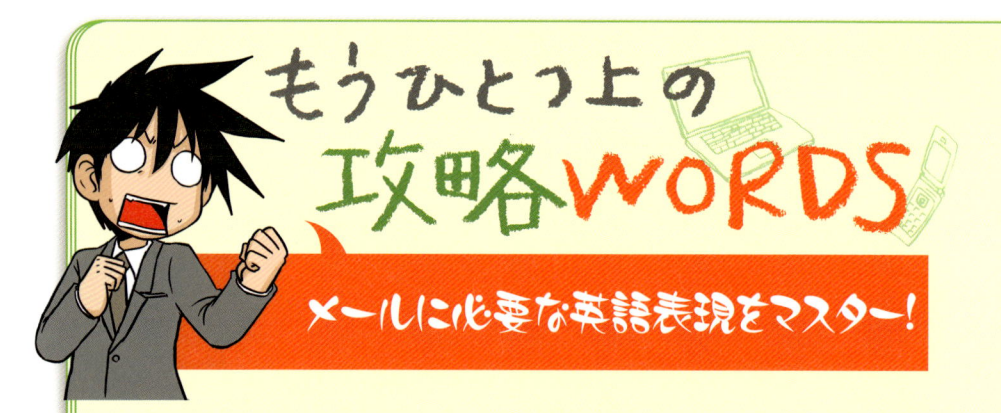

メールに必要な英語表現をマスター！

電話と同じく、メールのコミュニケーションにも独特の表現は多い。できる限り印象のいいメールを送れるように使いこなそう！

write about ...
「～について書く」

例 **I am writing you about the project we discussed on Monday.**
（月曜日に話し合ったプロジェクトについてメールいたします）

for your assistance
「ご協力いただいて」

例 **Thank you very much for your assistance.**
（ご協力いただきまして、ありがとうございます）

in advance
「あらかじめ」

例 **Thank you in advance for your help.**
（先立って、ご協力に感謝しております）

as for ...
「～については」

例 **As for the estimate, we have to say it's a bit over-**

priced.
(お見積りについては、少し高いと言わざるを得ません)

prompt reply
「迅速な返答」

- Thank you very much for your prompt reply.
(迅速なご返答ありがとうございます)

This is to confirm ...
「～を確認するためです」

- This is to confirm the date and time of the next conference.
(次の会議の日時を確認するためのメールです)

to inform you (that) ...
「～をお知らせするために」

- This e-mail is to inform you that our team has finished examining the software.
(われわれのチームがソフトのテストを終了したことをお知らせするメールです)

in reply to ...
「～に答えて」

- In reply to your question about our system, we are sure that it is completely safe.
(システムに関するご質問についてですが、システムはまったく安全なものとなっております)

for your information
「ご参考までに」

- For your information, his office closed two years ago.
(ご参考までに、彼の事務所は2年前に閉業しました)

めざせ国際派!

おまけの社交スキル
個性を出したい「結びの言葉」

　英語のお手紙やメールには「拝啓」にあたるようなものはありませんが、「敬具」や「かしこ」と同じような使われ方をする表現があります。それが最後に自分の名前を書く前に入れる結びの言葉です。友達・家族・恋人同士では「**Love, Chris**」のように「愛をこめて」と書くことが多いですが、ビジネスの場合は「**Sincerely (yours)**,〔名前〕」、「**Truly yours**,〔名前〕」、「**Best regards**,〔名前〕」などが使われます。どれも「心をこめて」のようなニュアンスで、自分がへりくだって相手を持ち上げる表現です。

　また、これらに近い表現をオリジナルとして作って使っている人もいます（私は小文字で「**best,**」と書きます）。メールや手紙に慣れてきたら、個性的な結びの言葉を考えてみましょう。

　英語のメールでは、冒頭のあいさつ→用件→結びのあいさつ→結びの言葉→名前と書くことが多いですが、そのルールの中でも簡潔に分かりやすく書くことが重要です。会話でも電話でもメールでも、だらだらと余計な内容を盛り込むことは歓迎されません。気をつけましょう。

第4章
ミーティング

アメリカ人の
プレゼンって
前に出るだろ？

ビシッ

僕は日本人ですが

ぐぎぎぎ

書類よし
データよし
心の準備、なし
うちの会社のバイリンガルってこんな眉うすかったっけ?
いつもは持ち歩かない ハンカチ
そーっ
そろそろ来られる時間ですかね
なにやってんスか。
あっ
What?!
…うん
そうだ、おなか痛い
はっ
資料とデータは準備できてるからさ
代わってく…
嫌ですよ
…無理、とかじゃないんだ
嫌です
英語できないですもの。

会議室

じゃよしたにくん よろしく
はあ…
えーっと
いやいや 前行って話さないと

聞いてないっすよ
いやあホラ 皆さん画面のほう見ちゃってるし 机もそういう配置にしちゃってるし それに…
アメリカ人のプレゼンって前に出るだろ？
僕は日本人ですが

4 ミーティング

英語でミーティングに挑戦!

英語で電話やメールをなんとかこなしてひと安心……していたら、今度はOC社といよいよミーティングを行うことに！ しかも議長はよしたに。高まる鼓動、集まる注目、出てこない英語！ さあ、よしたにはいきなり上げられたハードルに立ち向かうことができるのか？

> **よしたに** 英語でミーティングを始めるときって、まずどう言えばいいんだ！?

よしたに：いやー……電話やメールに比べて、面と向かってやるコミュニケーションのほうが間が持つんじゃないかなあとか思ったけど、考えてみたら、もともと僕、相手の顔見ないしね！

源：えー。前に、「ちゃんとアイ・コンタクトはするように」って言ったでしょ。ダメですよ。

よしたに：日本語でミーティングするときはなんとなーく、「じゃあ始めますか、今日の議題は……」って感じなんだけど、英語でどうスタートしたらいいのか分からないんだよ。

源：アメリカのビジネス・シーンでは、会議は誰かがちゃんとイニシアチブを取って進めていくことが求められますよ。よしたにさんが議長なんだったら、まずきちんとあいさつしなくちゃね。

重要フレーズ❶

Hello, everyone. Thank you all for attending the meeting today.
（皆さんこんにちは。会議に出席してくださって感謝します）

Does anybody need a cup of coffee or anything?
（コーヒーなど、何か必要なものはありませんか？）

Before we begin, let's make sure that everybody has the agenda.
（ミーティングを始める前に、全員アジェンダを持っているかどうか確認しましょう）

OK, let's get down to business, shall we?
（では始めましょうか）

よしたに：なんか……事務的？　アメリカのトークショーみたいに、

最初にちょっとした小話でもして笑いを取ったりしないの？

源：いきなりどれだけレベルの高いことをするつもりなんですか（笑）。アメリカ人は基本的にとても合理的です。彼らがミーティングの議長に求める一番大きな要素は「進行管理」ですよ。

よしたに：へええ、なんかイメージとちょっと違ったな。でもまあ表現はどれも特別なものじゃないから、「こういうことを言うんだ」と覚えておけば……いけそうかな。

源：ですよね。メールと同じく、ここでも「お礼」であいさつをスタートしていることに注意。そしてあいさつの後に、飲み物はあるか、資料は揃っているかなど、聞くのは議長の役目です。

よしたに：ふむ。「**get down to business**」は直訳すると「ビジネスまで下がる」……？

源：「**get down to business**」は、「仕事に取りかかる」「仕事（の話）を開始する」という意味の表現です。応用として、ミーティング中に余計な雑談が止まらない人がいた場合には、「**Come on, let's get back to business.**（ほら、仕事の話に戻りましょう）」なんてビシっと言ってもいいですよ。

よしたに：なんか気持ち良さそうだな、それ……。

源：ふふふ。これらのフレーズの後、実際に議題に移るときには、「**First, we'd like to discuss A.**（では、まずAについて話しましょう）」などと言って進めていくといいでしょう。では続いて、会議進行に使える表現をどんどん紹介しましょう。

重要フレーズ❷

Let's take a vote on this.
(この件について採決を取ってみましょう)

Why don't we take a ten-minute break?
(10分間休憩しましょうか)

Now we'll move on to the next item.
(さて、次の議題ですが)

よしたに：**vote**（票を入れる）は選挙のときによく聞く単語だね。「**Vote for Obama!**（オバマ候補に１票を！）」とか。

源：お、よく知ってますねー。そう、「**take a vote**」で採決を取ることを意味するんです。こう言った後に、「**Who's with Mr. Brown?**（ブラウンさんの意見に賛成の方は？）」「**Who's not?**（反対の方は？）」などと言うと、手を挙げてくれると思うのでそれを数えましょう。

よしたに：なるほどね。あれ、「10分間」はten minuteじゃなくて、ten minutesが正しいんじゃないの？　複数じゃない、10分って。

源：ここはよく間違われるところなんですが、「数＆単位」の後に「名詞」が付いて、その数が形容詞的内容になるときは、単位に**s**が付かないというルールがあるんですよ。たとえば、「10ドル」は「**ten dollars**」でいいんですが、「10ドル紙幣」になると、「**a ten-dollar bill**」になるんです。冠詞（**a、an、the**）は一番後ろの名詞に対応します。

よしたに：っへー！　そういう明確なルールなら覚えやすいような気がしなくもないかな。

源：本来理系のよしたにさんは英語に強いはずだと思うんです。基

本的には、明確なルールはきちんと頭にたたき込んで、例外はなるべくそのまままるごと覚えてその数を増やしていけばいいんですよ。

よしたに：その例外が納得いかないことがあるから大変なんだって！

源：はいはい。では続いて、ミーティングを終わらせるための表現を覚えましょう。

重要フレーズ❸

Let's call it a day.
（今日はこのへんにしましょうか）

Why don't we wrap up the discussion now?
（そろそろ議論をまとめませんか？）

OK, so much for today.
（さて、今日はここまでにしましょう）

よしたに：wrapってあのラップと同じ単語？　物を包んだりするときに使うラッピングの。

源：そうですよ。**wrap up**には、「～を包みあげる」「～をまとめる」という意味があるんです。「**I should wrap up work by 6 p.m.**」は「午後6時には仕事を仕上げなくちゃ」となります。「**Why don't we ... ?**（～しませんか）」は「**Let's ...**（～しよう）」がもっと丁寧になった表現と考えて、TPOに合わせて使い分けてみてくださいね。

よしたに：なるほど。「**call it a day**」は直訳すると、「それを1日と呼ぶ」……ってなるよね？

源：ええ、「call it a day（これで終わりにする）」と「**so much**

for today（今日はこれでもう十分）」は、1日の作業を終わらせるときにとてもよく使われる慣用表現ですので、そのまま覚えてしまいましょう。

よしたに：いいね！　こう言って原稿の締切をさっさと切り上げようかな！

源：……何言ってるんですか。さて、こう言った後、議長は、①ミーティングで出た結論のおさらい、②次回の予定の確認、③念のためにもう質問はないかを聞く、などを行ってから、会議を終了させましょう。最後に再度「**Thank you for attending the meeting today.**（今日はご出席してくださりありがとうございました）」とあいさつできれば、完璧です！

よしたに：またお礼を言った……！　なんか、知れば知るほど、案外英語文化も「礼に始まり礼に終わる」もんなんだねえ。ちょっと意外だったよ。

源：そうなんですよ！　言葉が通じない間は、異文化ってなんだか怖いものに見えたりしますけど、少しずつその言語が話せるようになると、実は自分たちとそう違わないところもあることが分かってくるので、安心できるようになります。そうなったら、学習スピードも一気に加速してきますよ！

よしたに：ふーん、それはどうかな！　日本人相手のコミュニケーションだって加速なんてしたことないんだからね！

源：威張ることじゃないでしょ、それ。まあとにかく、「**step by step**（少しずつ）」でいいので、前向きに勉強していきましょうよ。

第4章のポイント

- □ 会議の議長になったらしっかりイニシアチブを取る
- □ 「数＋単位＋名詞」の際は、複数でも単位にsは付かない
- □ 礼に始まり礼に終わるミーティングを心がけよう

覚えておこう！

get down to business
「仕事（の話）を始める」

take a vote on ... 「～について採決を取る」

a ten-minute break 「10分の休憩」

move on to ... 「～に移る」

wrap up 「まとめる」

call it a day 「これで終わりにする」

so much for today
「今日はこれで十分」

Why don't we ... ?
「～しましょうか？」

よしたに Why don't we wrap up the discussion now?
（そろそろ議論をまとめませんか？）

もうひとつ上の攻略WORDS

自信を持って会議をまとめよう!

いつもより皆の視線が集中する会議の進行役は、ついしどろもどろになってしまいがち。あらかじめ重要フレーズを覚えてから臨めば、失敗しない!

handout
「配付資料」
- 例 **Please have the handouts ready in your hands.**
  (お手元に資料をご準備ください)

pass out
「配る」
- 例 **Please pass out those handouts to everyone.**
  (資料を皆さんに配ってください)

(be) seated
「座る」
- 例 **Everyone, please be seated. We will soon begin the meeting.**
  (皆さんご着席ください。まもなく会議を始めます)

focus on ...
「〜に集中する」
- 例 **We should focus on the theme and not talk about anything else for now.**
  (今はそのテーマに集中して、ほかの事柄は話すべきではないと思います)

clarify one's point
「要点を明確にする」

🔹 **Could you clarify your point?**
（要点を明確にしていただけますか？）

pros and cons
「賛否」

🔹 **Maybe we haven't argued the pros and cons well enough.**
（十分に賛成反対の議論をしてないのかもしれません）

(be) on the same page
「同じ考えを持つ」

🔹 **I see that you and I are on the same page.**
（どうやら私とあなたは同じ考えのようですね）

objection
「反対意見」

🔹 **We're thinking about implementing the system. Any objections?**
（そのシステムの導入を考えています。反対意見はございますか？）

set a deadline
「締め切りを決める」

🔹 **We need to set a new deadline for the development department.**
（開発部に対して、新たな締め切りを決める必要があります）

めざせ国際派!

おまけの社交スキル
自己表現できなきゃ意味がない!

　異文化に対応しながらのミーティング進行役は気を遣いますよね。欧米の人々は子どもの頃から家庭や学校で「自己表現をしない者はいないのと同じ」という教育を受けてきているので、「積極的に発言しよう!」という姿勢を常に評価します。黙っていては「やる気がない」「反対意見がない」と判断されかねないので気をつけましょう。

　また、「lay one's cards on the table」、あるいは「put all cards on the table」という英語の表現があります。直訳すると「テーブルの上に自分のカードをすべて並べる」、つまり「手の内や意図を明かす・さらけ出す」という意味です。アメリカ人ははっきりものを言うことが多いように見えるため、とにかく「正直」「なんでも話す」と思われますが、「発言が明確イコール正直」とは限りません。ビジネス・シーンにおいては特に、あらかじめ出す情報と出さない情報を戦略立てて考えておき、ブレが生じないように話していく、というのが彼らの基本姿勢です。彼らとビジネスを行う際には、こちら側もしっかり準備して臨むようにしましょう。

第5章
オフィス会話

無視→
もくもく
ぐぎぎ
察して！

Hey, David,
could you work with
Yoshitani and get the
latest data?
(デイビッド、よしたにと
一緒に最新データ取って
くれるかい？)
Sure,
ヨロシクオネガイシマス、
ヨシタニサーン
デイビッドさん
日本語話せるんですか！！
マジでえ
ニホンゴ、
スコーシスコシ
ぱあああああ
やっと日本語が
あ、じゃあ
そこのPCでですね
ウン
デスクトップにある
エクセルから
ウンウン
ODBC接続で
データ取ってください
アーハー
ゴメン、
ワカラナーイ
なんて？
うんって
いったじゃ
ねえか。
…ちくしょう…！

いっしょに作業。
パコ
パコ
ピー
ハマった
仕様なんだか
バグなんだか
うーん
困ったなー
できないな
たいへんだな
チラッ
チラッ
チラッ
無視
もくもく
ぐぎぎぎ
察して!
デイビッドさん
えーっと、this、
…この画面の操作が
まず分かんないん
ですけど
Yes?
すいません
マズ?まずい?
何?ごはん?
オナカ
ヘッタネー。
どのへんが日本語
できるんだろうこの人

同僚・上司とスムーズに会話したい!

> えーっと……最初に何をしたらいいのか教えてほしいんですが……どう言ったらいいの?

いよいよ実務がスタート。アメリカ人スタッフと並んで作業することになった。OC社のブラウンさんがある日連れてきたのは、デイビッドさん。「日本語が少しできる」という言葉に浮かれたのもつかの間、やっぱり英語を話さなくてはいけないことが判明。できるだけスムーズに共同作業をしたいのだが、どうしたらいいのやら?

> **よしたに** えーっと……最初に何をしたらいいのか教えてほしいんですが……どう言ったらいいの?

源：いよいよ、アメリカ人スタッフとのお仕事スタート！ですね！どんな感じですか？

よしたに：「ニホンゴスコシ」なんて言って全然分からないんだもの！分からない英語の単語や表現が多すぎて、やたらとほほえむ機会が増えたよ。今なら笑顔にほんの少し自信があります！

源：笑顔が増えたのはいいことですが、頑張ってボキャブラリーも増やしていかないと、ですねー。

よしたに：下手な英語を話して変に思われるんじゃないかとビクビクするんだよね……。

源：ここは日本なんですし、そんなこと思ったりしませんよー。いずれにせよ、少しは和やかに話せたほうが仕事はやりやすくなるんじゃないかと思いますよ。では、まず、丁寧にやりとりをスタートする表現から紹介しましょうか。

重要フレーズ❶

Do you mind telling me what I should do first?
（最初に何をすべきか教えていただけますか？）

Could you please tell me which key I should use for that machine?
（あの機械を動かすにはどのキーを使ったらいいのか教えてもらえますか？）

Sorry to bother you, but could you show me how to run the system?
（すみませんが、そのシステムを実行する方法を教えてもらえますか？）

よしたに：なんか、質問魔みたいだな！

源：分からないことがあるときこそ、コミュニケーションの頑張り

時ですよ、よしたにさん。そして人は皆、自分を頼ってきてくれた人には優しいものです。

よしたに：「**Could you ... ?**」は、第2章で習ったね。丁寧な質問表現なんだよね？

源：そうです。第2章では、「**Could I (you) ... ?**」「**Would you ... ?**」「**May I ... ?**」の3つは覚えておいて損がない「英語の敬語」だとお話しましたね。今回はさらに、「**Do you mind ...ing?**（～していただけますか？）」を覚えましょう。これは直訳すると「～することを気にしますか？」という意味で、転じて「～していただけませんか？」というお願いの表現になるんです。

よしたに：なるほどー。意味を聞くと、まるで日本語の婉曲表現みたいだよね。英語にも、実に丁寧な言い方があるもんだ。

源：そうなんですよ。ちなみに、この質問文は、元は「気にしますか？」という意味なので、もし相手からこうお願いされて、それに応じる場合は、「**No.**（気にしない＝かまいませんよ）」と答えるのが正解なので要注意！「Yes.」と答えると「気にする＝お願いは聞きません」という意味になっちゃいます。

よしたに：そうなんだ。ふえー。覚えておかなくちゃ。

源：また、「**(I'm) Sorry to bother you.**」は「お邪魔してすみません」「ご面倒をおかけしてすみません」という意味でよく使われる丁寧な表現です。仕事に没頭している相手に質問をしたりする場合は、こうした表現を文頭に付けておけば失礼がありません。最初の **I'm** は略してしまっても問題ありません。

よしたに：ふむふむ、了解。じゃあまずは質問をしてみるかなあ。ちょっと勇気がいるけど。

源：「間違ってもいいや」くらいの気持ちでぜひチャレンジすると

いいですよ！　さて、次はアメリカ人の上司ができたりした場合を想定して、さらに丁寧な表現を紹介しましょう。

よしたに：ちょ、ちょっと、怖いこと言わないでよ！

重要フレーズ❷

Would it be too much trouble to get me one more file?
（ご迷惑でなければ、ファイルをもう1つ、いただきたいのですが）

I'd appreciate it if you could show me how to do that.
（そのやり方を教えていただければ幸いです）

I'd be really grateful if you could help me with it.
（その件について手をお貸しいただけるとありがたいです）

よしたに：わー、和訳だけ見たら、すっごく日本語っぽい！

源：そうでしょう？　これまで学校の教科書で学んできた英語とはずいぶん違うけれど、ビジネス・シーンで使われている生きた英語を訳してみると、日本の会社で使われている敬語とそんなに差がないんですよ。「日本語をそのまま訳すのはダメ」と何度も言ってますが、同じような敬意をうまく英語らしく表現することこそが大事なんです。

よしたに：また、簡単そうに言って。で、1つ目の文章は直訳すると、「もう1つファイルをもらうのはものすごくトラブルになりますか？」になるのかな？　何だかまどろっこしいね！

源：日本語と同じく、直接的な表現を避けて、相手の立場に立った

話し方をするとこうなるわけです。実際、友だち同士でも、何かをお願いするときには、「**Would it be too much?**（大変すぎるかな？）」と聞いたりしますよ。

よしたに：2つ目と3つ目の文章も「幸いです」なんて、日本語メールではよく書く表現だなあ。

源：ここでもその考え方はまったく同じなんですよ。「**if**（もし～なら）」という仮定の表現を使い、「もし～してくださったら感謝します」と言うことによって、「～してくれませんでしょうか」とお願いしているわけです。「**appreciate**」「**be grateful**」はともに「感謝する」という表現です。「**I'd appreciate it if ...**」も「**I'd be really grateful if ...**」も、ビジネス・シーンではよく使われる表現です。こういう表現を使って話すと、相手は「おお、ちゃんとこちらを立てた話し方ができる人だな」と見直してくれると思うので、ぜひマスターしましょう。

よしたに：ifを使うから時制は**can**じゃなくて過去形の**could**になるわけだね。時制は詳しいよ、学校の英語はできていたからね！

源：おお、素晴らしい！「**'d**」は**would**の短縮形ですね。1つ目の文章もそうですが、こうした場合には**would**がよく使われるので覚えておいてください。では、次に上司に対して耳の痛い報告をしなくてはいけないときの表現をいくつか。

重要フレーズ❸

Maybe it's a little over-priced.
（少し価格が高すぎるかもしれませんね）

Perhaps you could cancel the project.
（プロジェクトを中止してもよいかもしれません）

よしたに：maybeとかperhapsは「多分」って意味だったかな。

源：「～かもしれない」をベースにした表現です。「価格が高すぎますよ」じゃなくて「価格が高すぎるかもしれません」と言ってるわけですが、ここも日本語に似てませんか？ 控え目に自分の意見を伝えるときにあいまいな表現を使うんです。

よしたに：maybeや**perhaps**を文頭に付けることで、断定的な物言いを避けてるわけか！

源：その通りです。2つ目の文章では「**could**（～してもよい）」も使って、さらに丁寧に話しています。

よしたに：あいまいな表現って、日本人の心にしっくり馴染んでくるなあ。

源：ちなみに、「多分、おそらく」を意味する単語には、**perhaps**や**maybe**のほかにも、**probably**や**likely**などがありますね。よしたにさん、これらのどれが一番実現しそうな表現か、分かりますか？

よしたに：え？ え？ 全部同じじゃないの？ そういや、日本語では「多分」と「おそらく」ぐらいなのに、英語にはやたらいろんな単語があるんだな。

源：そうですね。これらの中では、一番確信度が高いのが**probably**で、それ以外の単語は比べるとかなり実現度が低くなると言われています。諸説あるんですが、**possibly**や**maybe**は比較的実現する可能性が低いと言われているんですよ。

よしたに：そうなんだ。じゃあ、「**I can probably go there.**」と「**Maybe I can go there.**」だと、日本語では同じ「多分行けると思う」でも、ニュアンスが大分違うんだね。

源：その通りです。面白いですよね！

第5章の ポイント

- ☐ 同僚・上司への敬語には英語の婉曲表現を使おう
- ☐ ifを使って「～していただけると幸いです」と伝えよう
- ☐ 「多分」を意味する単語の中で実現度が高いのはprobably

覚えておこう！

Do you mind ... ing?
「～していただけますか？」

Sorry to bother you, but ...
「ご迷惑をおかけして恐縮ですが、～」

I'd appreciate it if you ...
「～していただければ幸いです」

I'd be grateful if you ...
「～していただけるとありがたいです」

over-priced 「高すぎる」

よしたに **Do you mind telling me what I should do first?**
（最初に何をすべきか教えていただけますか？）

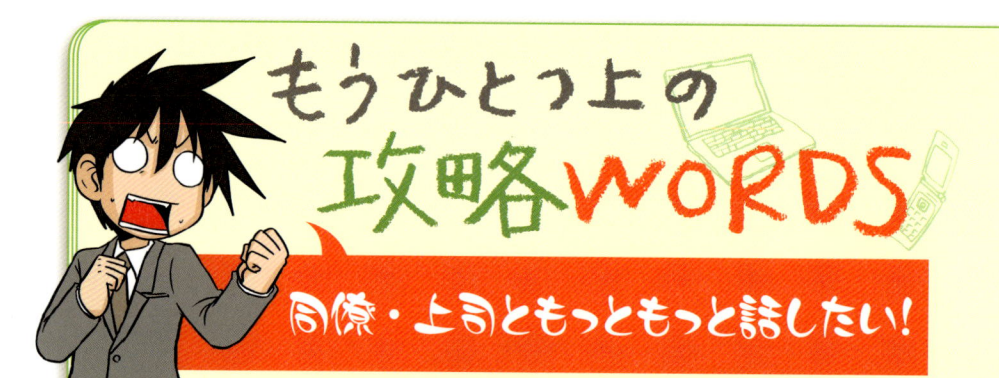

もうひとつ上の 攻略WORDS
同僚・上司ともっともっと話したい！

オフィス内のさまざまなシチュエーションで使える定番英語表現を覚えよう！ スムーズに同僚や上司と会話ができれば、仕事の能率も自分の評価もグングン上がる！

give approval
「承諾する」

例 **I cannot give my approval for the new strategy.**
（新しい戦略案を承諾することはできません）

some other time
「別の機会に」

例 **He's not here? OK, I'll ask him the question some other time.**
（いらっしゃらないのですか？ 分かりました、その質問はまたの機会にします）

plan B
「第二の手段」

例 **It looks like we cannot go any further. Do you have a plan B?**
（どうやらこれ以上進めるのは無理そうです。代替案はありますか？）

dead-end
「行き詰まった」

- We are facing a dead-end situation.
  (行き詰まった状況に直面しているようです)

(be) behind schedule
「遅れる」

- We are behind schedule in releasing the software.
  (ソフトのリリースが予定より遅れています)

action item
「やるべきこと」

- Why don't we start making a list of action items first?
  (やらなくてはいけないことのリストの作成から始めましょうか？)

push back
「延期する」

- We have to push back the meeting to next week.
  (会議は来週に延期しなくてはいけません)

punch list
「緊急対応リスト」

- According to our punch list, we have to write the estimate right away.
  (緊急対応リストによると、すぐに見積書を書かなくてはいけません)

day off
「休み」

- I would like to take a half day off tomorrow.
  (明日半休を取りたいのですが)

めざせ国際派!

おまけの社交スキル
評価し合って生まれる緊張感

　業務を円滑に進めるためにも仕事仲間ともう少し仲良くなりたいと思ったら、仕事の合間などに相手についての質問を少ししてみましょう。「出身地は？」「家族は？」「大学の専攻は？」などなど、政治・宗教・年齢などのテーマを避けてさえいれば、自分について関心を持ってくれたことを喜んでもらえます。

　また、理不尽な上司に振り回されてストレスを感じるなんて経験はどこにいてもありますが、アメリカのある程度大きな会社であれば、そのために、さまざまなシステムが作られています。たとえば、**evaluation**（評価）が上司→部下の一方向のみではなく、部下も上司の人事評価ができるようになっていたり、部署を越えた相談相手として、**mentor**（メンター）という役柄の社員が、直属の上司以外にそれぞれにあてがわれ、部内の人間関係で何かあればそこで相談できたりします。相談内容やその結果はちゃんと上に吸い上げられて、それにより異動が行われることもあります。こうした環境が緊張感を生み出し、互いに敬意を払う双方向の関係を作り出しているのです。

第6章
交渉・クレーム

……とりあえずNOって言っとけばいいんですかね

そーそーそー

ッターーン
よし、
終わった！
おつかれさま私
今夜こそ気になっていた
あの立ち飲み屋で…
飲み明かしてやる！
そそっ
よしたにくんー
明日さ、ブラウンさん
来るじゃない？
は
そんときOC本社と
ウェブ会議やるんだけど、
先にちょっと先方と
話してもらえないかな
はあ
一体何をでしょう
なんか契約内容と
こっちのおさめた仕事に
差があるって言ってるんだよ
契約外のことまで
うちがやるって思ってる
っぽいんだよな
はぁ
……とりあえず
NOって言っとけば
いいんですかね
そーそーそー
脳！

ここはガツンと言っといてよ
はははは
ガツン…
もともとの契約では作業範囲に含まれてないと思うんだよねー
微妙に古い…。
本格的に作業に入る前にいちど確認しておかないと
はあ…
そういうのは営業経由でやったほうがいいんじゃないすかね
念のため言のうと。
や、営業経由では別途やるけども
まあ、怒らせない程度にガーっと言っちゃってよ
そんなニュアンスな。
ガーっと
はい資料
怒らせない程度って…
がんばれ
NOといえる日本人
そのNO
今夜酒まずそうだなぁっ
今ここで言いたい

負けない交渉術！

ようやくOC社のブラウンさんやデイビッドさんと少しずつ話せるようになってきたと思って喜んでいたのもつかの間、今度は先方と交渉をしなくてはいけないことになってしまった。状況によっては、堂々と相手にクレームを伝えなくてはいけない。よしたには、「NOと言える日本人」になれるのか？

よしたに 英語で交渉ってどうやればいいんだ～？

よしたに：ほんとに気が重い。どうしよう。どうしよう。

源：いくら英語が少々苦手だっていっても、仕事上では対等なんだから、大丈夫ですよ。いい機会だから、ここでしっかり英語で交渉するための表現を覚えましょうよ。

よしたに：正直に言っていい？　今回の仕事での公用語は英語になっているけど、英語を話しているときの自分って、相手から見たらすごく子どもっぽいんじゃないかと思えて、堂々と渡り合えないような気持ちになるんだよ……。

源：それは、皆多かれ少なかれ感じていることだと思いますよ。でも、頑張って！　アメリカ人は、自分と対等もしくはそれ以上のビジネス・パートナーに対して、英語力よりも、まず「**firm & tough**（厳しくタフ）」であることを求めます。発音なんか少々下手でもいいから、気合だけは十分で話してみましょうよ。

よしたに：分かった。でもテンパると、なんか命令形ばっかり並べてしまいそうだから、できたら丁寧かつ厳しいクレーム調の表現を教えてほしいなあ。

源：分かりました！

重要フレーズ❶

I'm afraid this is not acceptable.
（残念ですが、受け入れることはできません）

I have to say that it's not what we asked for.
（こちらがお願いした内容ではないと言わざるを得ません）

I'll need to see some improvement on that very soon.
（速やかな改善をお願いしたいと思います）

6　交渉・クレーム

よしたに：日本語訳だけ見ると、確かに日本人が言いそう。

源：まあちょっと日本語風に意訳してるとこはあるんですけど、英語敬語っぽく相手に不満を伝える表現として、文頭に「**I'm afraid ...**（残念ですが、〜です）」「**I have to say ...**（〜と言わざるを得ません）」「**I'll need to see ...**（〜をお願いします）」などの表現を入れてみました。

よしたに：なるほど、「**...**」の部分にシチュエーションに沿った内容を入れればいいんだね。「**I'm sorry, but ...**（申し訳ありませんが）」と断ったりするのも、交渉時に使えるのかな？

源：アメリカ人とビジネスを行う際には、やっぱり不必要に謝るようなフレーズを入れないほうが無難ですね。こちらに非があると認めたかのように取られる場合がありますから。最初に紹介したようなフレーズを使ったほうがいいでしょう。

よしたに：なるほど、交渉では簡単に謝らないことが大切なんだな。あと、ほかにも使わないほうがいい表現とか、あるかな？

源：日本人はよく、日本語で「〜と思います」「〜と感じます」を言う感覚をそのまま訳して、「**I think ...**」「**I feel ...**」などの表現を英語でも使おうとします。でも、英語ではこれらの表現は意思が弱い印象を与えるんです。はっきりと意思表示をしたいのなら、「**I believe ...**（〜と確信しています）」のような、自信のある表現がお勧めですよ。

よしたに：なるほど。そのへんは、日本語圏と英語圏の人々の性格的な特徴の違いが見えてくる気がするな。

源：次に、相手に急いで何かしてほしいときの表現も覚えましょう。

重要フレーズ❷

Please report any progress ASAP.
(進展があれば至急報告してください)

I'd like you to start fixing it right away.
(直ちにその修正を開始してほしいのですが)

Please get back to me at your earliest convenience.
(なるべくお早めにお返事をください)

よしたに：「ASAP」は日本語でも聞いたことがあるね。読み方は「エー・エス・エー・ピー」でいいの？

源：そうです。「**as soon as possible**(できる限り早く)」の略ですね。相手を急かす表現としては「**ASAP**」が一番ストレートで「至急」の速さが求められていて、「**at your earliest convenience**」は、この3つの中では比較的丁寧な表現かつ一番「至急」ではないニュアンスですね。「**right away**」はその中間といったところでしょうか。

よしたに：convenienceって「コンビニ」と同じ単語？

源：そうですよー。「**convenience**」には、「都合のいい時間・事」といった意味があって、「at your earliest convenience」は直訳すると「あなたにとって最も早い都合のいい時間に」という意味になります。

よしたに：その3つを使い分けるのはちょっと面白そうだな。僕の原稿も「at my earliest convenience」でいいんじゃないかな！

源：……どれだけ「ASAPで！」とお願いしても、締め切り守れないくせに……。

よしたに：ご、ごめんなさい、生意気言いました……。

源：分かればいいんですよ（ニッコリ）。では、続いて、相手の意見に反論したいときの表現も覚えましょう！

重要フレーズ❸

I see what you're saying, but in my opinion ...
（おっしゃることは分かります。しかし私が思うに……）

I understand your point, but I look at it this way.
（あなたのご意見は理解できますが、こういう見方もあります）

That may work, but what about ... ?
（それも可能かもしれませんが、〜はどうでしょう？）

よしたに：お、またしてもちょっとあいまいな表現。

源：自分の意見をはなから否定されたらいやな気持ちになるのは万国共通ですよね。だからまずは、相手の言っていることを「なるほど」と認めてワンクッション置くことが大切です。「**I see what you're saying.**（おっしゃっていることは分かります）」「**I understand your point.**（あなたのご意見は理解できます）」「**That may work.**（それも可能かもしれません）」と、まずは理解を示して、その後「but（しかし）」で反対意見を述べているわけです。

よしたに：「work」って「働く」という意味で覚えていたんだけど、こんな風にも使うんだね。

源：「work」は「（物事が）うまくいく・問題なく進む」という意味でよく使われる単語なので、活用してみてください。「**in my**

opinion ...（私の意見では〜）」「I look at it this way.（こういう見方もあります）」は、丁寧に自分の意見を伝えるフレーズです。

よしたに：うーん、確かに、これらに比べると、「I think ...（〜と思う）」「I feel ...（〜と感じる）」などの表現はちょっと子どもっぽく感じてきちゃうね。

源：「What about ... ?」は「〜はどうでしょう？」と具体的に何かを提案する際よく使われる表現です。「How about ... ?」もほぼ同じ意味で使われるので、あわせて覚えておきましょう。

よしたに：議論が白熱してきたり、うまくこっちの言いたいことが伝わらずにどんどん先に話を進められたりしそうな不安があるんだけど。そういうとき、ちょっと話をさえぎって反論したいと思ったら、どうしたらいいんだろう。

源：そういうどうしても話をさえぎらないといけないときには、例えば「**Excuse me, but I really need to interrupt you now.**（すみませんが、ちょっとひとこと言わせてください）」と断って話し始めるといいですよ。簡単に「**Sorry to interrupt, but ...**（話を遮ってすみませんが、〜）」と言ってもOKです。いずれの場合も、ゆっくりでもちゃんと自分の意見や会社としての姿勢を述べたら議論はきちんと進んでいくはずです。

よしたに：ゆっくり、ちゃんと、はっきりと、ね。分かった。やってみるよ。

源：頑張ってきてください！

第6章のポイント

- ☐ 英語で交渉するときはfirm and tough（厳しくタフ）な姿勢で
- ☐ 不必要に謝らないように気をつけよう
- ☐ 意思が強く伝わる表現を活用しよう

覚えておこう！

I have to say that ... 「〜と言わざるを得ません」
I'll need to see ... 「〜が必要です」
ASAP 「至急」
right away 「直ちに」
at your earliest convenience 「なるべくお早めに」
I see what you're saying. 「おっしゃることは分かります」
In my opinion ... 「私が思うに〜」
I look at it this way. 「こういう見方もあります」
What about ... ? / How about ... ? 「〜はいかがでしょう？」

よしたに I understand your point, but I look at it this way...

（あなたのご意見は理解できます。しかしこういう見方もあります）

ブラウンさんの上司 Yes?

（はい、何でしょう？）

もうひとつ上の攻略WORDS

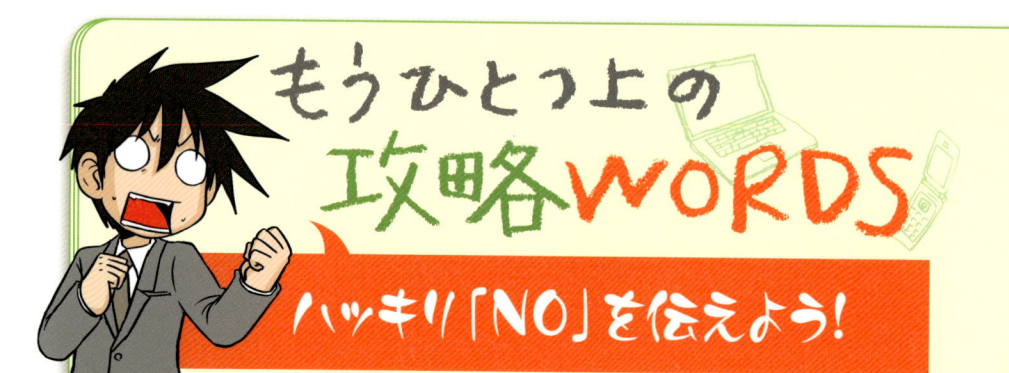

ハッキリ「NO」を伝えよう!

交渉の後半になれば、具体的な条件を提示したり、相手をけん制したりするテクニックも必要となってくる。offer を使ったさまざまな提案の表現と、少し語調を強めた意思表示の表現を紹介しよう。

would like to offer
「提案させていただきたい」

例 **This is what we would like to offer.**
（これが、こちらが提案させていただきたい条件です）

(be) willing to offer
「喜んで提案する」

例 **One thousand dollars is what we are willing to offer.**
（1,000 ドルでしたら、こちらは喜んで対応させていただきます）

have to offer
「提案できる」

例 **Two thousand dollars is what we have to offer at this point.**
（現時点では 2,000 ドル以上は無理です）

give a better offer
「さらに良い条件を出す」

- **If you are willing to work on project A, we can give you a better offer.**
  (もしAプロジェクトをお引き受けくださるなら、さらに良い条件を出すことが可能です)

play hardball
「強気な態度を取る」

- **You are playing hardball.**
  (ずいぶん強気で来られているようですね)

deal with ...
「〜に対応する」

- **I am not going to deal with it.**
  (相手にしませんよ)

Easier said than done.
「言うは易し行うは難し」

- **Easier said than done.**
  (口で言うほど簡単なことではないですよ)

There's no way ...
「〜は到底無理です」

- **There's no way we'll accept the proposal.**
  (どうやってもその提案を受け入れることはできません)

not too happy
「不満を感じる」

- **I'm not too happy with this outcome.**
  (この結果については不満を感じます)

6 交渉・クレーム

めざせ国際派！

おまけの社交スキル
「謝らないアメリカ人」って本当？

「アメリカ人は謝らない」ってうわさ、聞いたことありますか？このうわさは、半分本当、半分ウソです。

例えば、歩いていて誰かにぶつかってしまったときや、自分の失敗で相手をがっかりさせてしまったときなどは、日本人と同じように、もしくはそれ以上に、心を込めて「I'm sorry.」と言うアメリカ人はたくさんいます。

一方で、ビジネス・シーン、または法律が絡むような重要な場面では絶対に謝らない人もたくさんいます。アメリカは訴訟社会ですから、こうした場面での「ごめんなさい」は命取りになることがあるのです。

また、交渉を進める際、アメリカでは「**good cop / bad cop**」（良い警官・悪い警官）という手法を用いることがあります。警察の取り調べよろしく、1人は強気で条件を出したり相手の欠点を突いたりする係、そしてもう1人はそれを「まあまあ」となだめながら、最初よりすこし緩やかな条件で話をまとめようとする係です。この2人がチームとして交渉することによって、まるで厳しい条件を緩めてもらって話が決まったかのような錯覚を相手に与えようとするのです。これは、慣れないとなかなかのプレッシャーがかかりますので、要注意です。

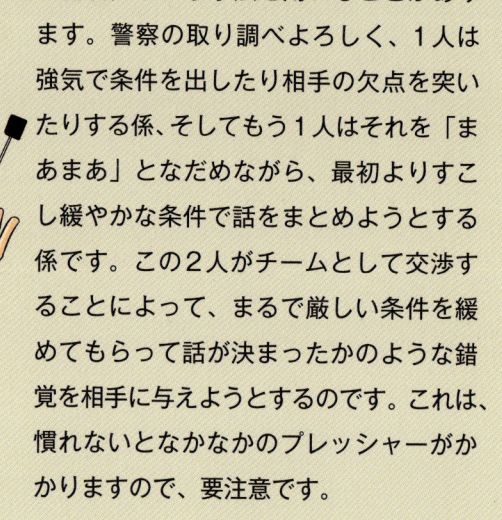

第7章
プレゼンテーション

週明け
ねむい。
Hi, Yoshitani!
How was your weekend?
あー
Good, good.
And you?
I had a wonderful weekend with my girlfriend.
Thank you!
ニコッ
おそろしい子
ガールフレンド！
…その彼女は日本人ですか
?
What?
ぼそっ
ああいえ、
いや日本人だったらどうって話でもないけど。
なんでもないです…

さっきブラウンさんと
話したんだけど
今後の展望について
OC本社から社員が来るから
プレゼンやってほしいって
プレゼンって
英語ですよね
うん
これから英語で
プレゼン資料を
作るわけですよね
来週
までにね
その間今の仕事
別の人に振って
くれるとかは…
無いよ
悪いけど。
念のためですが。
ですよねー
もき
ってことはですね
英語のできない僕が
今週末出社して
英語の資料を作る
ひぃ
ひぃ
HaHaHa
あはははは
英語のできる彼は
今週末も彼女と
楽しく過ごすと
ブラウンさん
日本に彼女いるの?
みたいスよ。
…これは、
一揆だな!
デストロイ・ザ・ワールド
誰と戦うつもりだ

プレゼンを制する英語力！

07

> 英語でプレゼン……まず、何を言ったらいいんだろう？

ほんの少しずつだが、自分の英語力に自信を持ち始めてきた、よしたに。そんな中、業務提携開始から現在までの業績を含めたデータと今後の展望について、プレゼンテーションをしてほしいと依頼があった。OC本社社員たちも出席のために来日するという。アメリカ人ばかりの前で、無事プレゼンすることができるのか？

よしたに 英語でプレゼン……まず、何を言ったらいいんだろう？

よしたに：英語でデータの説明とか、英語で会社の展望を語るとか、英語で質疑応答するとか無理だよー。

源：まあまあ落ち着いて。でも、グラフや数字データは用意していくんでしょ？　なら、見ただけである程度状況は把握できるわけですから、決まったフレーズを覚えれば乗り切れますって。英語のプレゼンには、いくつかの過程があるので、それを追って説明していきましょう。まずは、あいさつから。

重要フレーズ❶

My name is Makoto Yoshitani from the Systems Development Department of Otaryman Corporation.
（私は、オタリーマン株式会社システム開発部のよしたにまことと申します）

I'm here today to present the results of our business alliance for the past three months.
（本日はここ3か月の業務提携の成果をお伝えいたします）

First, please take a look at the handout.
（まず、資料をご覧ください）

よしたに：同じようなシチュエーションなのに、前にミーティングについて学習したときとは雰囲気が違うような……。

源：そうですね、議題を話し合うミーティングと違って、プレゼンには、「成果をアピールして納得してもらう」という明確な目的がありますよね。なので、プレゼンの最初は、①きちんと名乗る、②今日のプレゼンの主旨を明言する、③データへ誘導する、この3つのステップを押さえるところからスタートしましょう。

よしたに：なるほど。「〜社の」はofで、「〜部の」はfromで言い表してるんだね。「**I'm here today to ...**」って表現は初めて聞いたな。直訳すると「私が今日ここにいるのは〜するためです」になるの？

源：そうですね。「**the past ...**」は今現在の時点から過去にさかのぼって期間を表す表現です。「**I haven't been feeling well for the past three days.**（ここ3日間調子が悪いんだ）」のように使えます。逆に、「**the next ...**」を使うと、今現在の時点から未来の期間について話す表現となります。「**for the next two weeks**」は「これから2週間の間」ですね。

よしたに：ふむふむ。両方とも使う場面は多そうだね。「**take a look at ...**」はただの「**look at ...**」じゃないほうがいいの？

源：「take a look at ...」は「look at ...」より丁寧なイメージの表現ですので、プレゼンではこちらを使ったほうがいいでしょう。また、ここで、「**First,**（まず、）」と言ってますが、その後も「**Second,**（2つ目に、）」「**And finally,**（では最後に、）」のように、話の要点を区切りながら発言すると、分かりやすいですよ。

よしたに：明確な目的があって話をする場合、さらにはっきりとした表現やフレーズを使って、注目してもらうってことかな？

源：そうですね！「ミーティング」のときも話しましたが、やはり大事なのはきちんとイニシアチブを取って、その場を制すことです。できる限り、自信があるように見える話し方を心がけましょう。自信がない！というときは、とにかく前を向く、大きい声で話す、失敗を恐れない、ことを意識して話してみてくださいね！では、次に図や表を説明する表現を紹介しますね。

重要フレーズ❷

This chart compares last year's numbers to this year's.
(このグラフでは、昨年の数字と今年の数字を比較しています)

The red line represents the number of users.
(赤い線はユーザーの数を表しています)

Table 1 shows the expected sales by the end of this year.
(表1は年末までに予想される売上を示しています)

From these figures you can see that this project has been successful so far.
(これらの数字により、現状ではこのプロジェクトが成功しているとお分かりいただけるかと思います)

よしたに：chart、line、table、figure。「チャート」「テーブル」とかは日本語で仕事しているときも使うね。

源：ええ。ほかに、ここで覚えておいてほしいのは、「**compare A to B**（AとBを比べる）」という表現ですね。また、「**compared with A, ...**（Aと比べると～）」という表現もよく使われます。「**Compared with last year's numbers, we've seen some progress this year.**（昨年の数字と比べると、今年いくらか進歩が見られます）」のように言うことができます。また、**represent**はここでは「表す」という意味で、数字を使って話すときによく使われる単語です。さて、プレゼンの前半が終了したら、次はいよいよ業績をアピールしなくてはいけません。大事なポイントは「具体的である」ということです。

よしたに：具体的？　細かく話せばいいの？

源： ええ。「大変好評です」なんて表現は、アメリカ人からすると、「どこで？ いつ？ 誰に？ どの部分が？」と不思議がられてしまいます。発言するときは、「**Where**（どこで）、**When**（いつ）、**Why**（なぜ）、**What**（何が）、**Who**（誰が）、**How**（どのように）」を念頭に置きながら説明するようにしましょう。

重要フレーズ❸

This is our latest model. Compared to the old model, the new model will save you much more time and money.
（こちらが最新型モデルです。旧型と比べて、時間とコストをかなり削減できます）

Also, we offer a 10 percent lower price than the competitors.
（また、競合他社と比べて10パーセントほど低価格で提供しています）

It's selling well outside Japan, especially in East Asia.
（こちらは海外、特に東アジアでよく売れています）

よしたに： う、ちょっと長い文章になってきたね。

源： そうですよー。「**5W1H**」を全部ひとつの文に入れる必要はないですが、そのディテールを念頭に置いて、できるだけ具体的に説明しつつ、データを見せましょう。

よしたに： ん、**latest**が「最新」なの？ **late**って「遅れる」って意味じゃないんだっけ？

源： そうなんですが、lateには「最近」という意味もありまして、たとえば、「**I haven't seen him lately.**（最近彼には会ってないなあ）」のように使われたりします。「**latest**（最新の）」は

製品の説明などではよく使われる単語なんですよ。

よしたに：そうなんだ。そのあとの文って、直訳すると「古いモデルと比べて、新しいモデルはあなたにもっと時間やお金を蓄えさせます」だよね？　何だか**you**を使っていることに違和感があるな。OC社の皆さんはこの製品使ってないよ？

源：この**you**の使い方は、日本語と英語の大きな違いのひとつなんですよ。一般的な「人」を主語にして話すとき、日本語では「人々」と言ったり、もしくは主語を省いて一般論を話したりしますよね。英語では、そこで**you**を一般的な「人」としてよく使うんですよ。日本人が日本語の感覚そのままに英訳しようとすると、**people**や**they**を使ってしまうことが多いのですが、youのほうがはるかに自然です。これはぜひ覚えておきましょう。

よしたに：なるほどー。ちなみにこれ、「Much more money and time can be saved.」と英訳しちゃダメなの？

源：それも間違いじゃないですよ。でも自然ではないです。日本語には「〜される」のような、受動態の文章が多いんですよね。でも英語は逆で、「〜する」といった能動態の文章が基本。ここも、「日本語→英語」をそのままに訳そうとせずに、ぜひyouを使って、能動態の英文を作成する癖をつけてみてほしいところです。

よしたに：何かと受け身でいたい僕には慣れるのが大変そうな話だけどね！　でも、それで最後の文章も「**It's selling ...**」って能動態の表現になっているんだね。普通に考えると「It's sold ...」と受動態の文章を作りそうだけど。

源：その通りです！　英語の動詞には自動詞（例：〜が売れる）と他動詞（例：〜を売る）の両方の意味を持つものがたくさんあるんですよ。

よしたに：なるほど。少しコツが見えてきたよ。

源：では、プレゼン頑張ってみましょうね！

第7章のポイント

☐ 最初に①きちんと名乗る、②主旨を明言する、③データへ誘導する

☐ 業績アピールは「5W1H」を意識し具体的に

☐ 一般的な「人」はyouで表現しよう

☐ 受動態より能動態の英文を作ろう

覚えておこう！

I am here today to ...「本日は～いたします」

the past ...「ここ～の（期間）」

the next ...「これから～の（期間）」

take a look at ...「～を見る」

First, ...「まず、～」

compare A to B「AをBと比べる」

represent「表す」

expected sales「予想される売上」

From these figures you can ...「これらの数字により～がお分かりいただけます」

latest「最新の」

> Also, we offer a 10 percent lower price than the competitors.

よしたに Also, we offer a 10 percent lower price than the competitors.
（また、競合他社と比べて10パーセントほど低価格で提供しています）

もうひとつ上の攻略WORDS

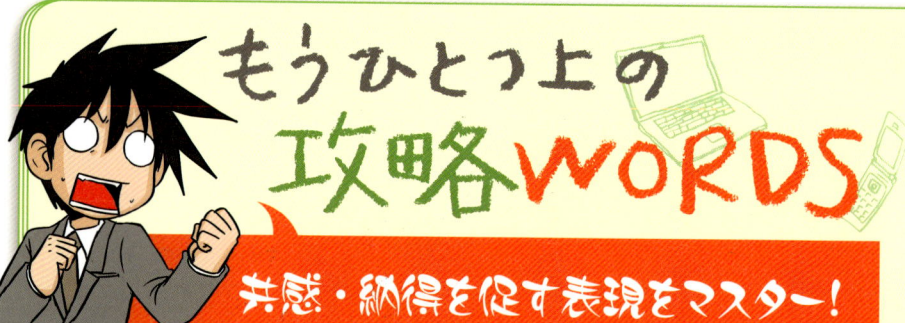

共感・納得を促す表現をマスター！

特に発表者に注目が集まるプレゼンでは、ビジネス・シーンで使われる表現をしっかり知っていて使いこなせていることが必須。基本表現を覚えて、できるビジネス・パーソンを目指そう！

consist of ...
「〜から成る」

例 **The handout consists of three parts.**
（資料は3部構成になっております）

turn to page ...
「〜ページを開く」

例 **Please turn to page three and see chart A.**
（3ページを開いて表Aをご覧ください）

increase by ...
「〜ほど増える」

例 **Compared to last year, costs increased by 10 percent.**
（昨年と比較して、コストは10パーセントほど増えています）

bestselling
「最も売れ行きのいい」

- **This car is our company's bestselling midsize vehicle.**
（この車はわが社で最も売れ行きのいい中型車です）

feature
「特徴・機能」

- **These are the features to be included in future releases.**
（これらが今後発売される商品で追加される予定の機能です）

allow me to ...
「〜させてください」

- **Please allow me to introduce our latest model.**
（最新モデルを紹介させていただきます）

The point is ...
「ポイント（重要点）は〜ということです」

- **The point is, with this new system, our company can beat the competitors.**
（重要なのは、この新システムにより、競合他社に勝てるということです）

market situation
「マーケットの状況」

- **Seeing the current market situation, it is not wise to release the new system now.**
（現在のマーケット状況を鑑みて、新システムを今公開するのは得策ではありません）

for your reference
「ご参考までに」

- **For your reference, I have attached our latest brochure.**
（ご参考までに、最新のパンフレットを添付いたしました）

7 プレゼンテーション

> めざせ国際派!

おまけの社交スキル
スピーチの合言葉は「3」

　アメリカでは皆、子どものころから常にプレゼンをしなくてはいけない状況と直面してきています。何かにつけ発表の場を与えられ、大勢の前で話すことに慣れている人たちなので、大人になっても当然「人前できちんと話ができる」ことをビジネス・パーソンの必須能力としてとらえています。世界的に成功した著名なビジネス・パーソンの話術は高く、まるで俳優や政治家のように人の心を引き付けるスピーチを行うことがあります。彼らが大事にしているのは、「聞き手の聞きたいようなテーマ」を「やさしい言葉で分かりやすく」「自身の経験やジョークを交えながら」話すことです。

　また、英語でスピーチやプレゼンを行う際、特にアメリカでは「3」という数字を意識します。自分の話をきちんと聞いてもらい共感を得るためには、「3つ」の例やエピソードを挙げることで、頭に入りやすいテンポを作るというもので、「**Rule of Three**」と呼ばれています。オバマ大統領をはじめ、多くの著名人たちがこの鉄則に基づいてテンポ良くスピーチやプレゼンをしていますので、ニュースや動画サイトなどでチェックしてみてください。

第8章
書類作成

ぞろ
ぞろ
ぞろ
ぞろ
はふう
よしたにー
は
ひょこ
なんでしょ
今日の議事録
掲示板にアップ
しといてってさ
あと次回の
ミーティング予定
サンプルとか
過去の議事録とか
あるんですか？
あるわけないじゃん
そんなもの
うちも初めての
案件なんだから
…なかなかに
ハイレベルですね
そういやそうだね。
…うん
先輩、英語
できましたっけ？
へけっ
…一応伝えたから
ガタンッ
ジャッ
見捨てないで！

…で、例によって
英語の議事録なんて
わからんわけだが
自席
深夜。
……
適当にやっても
いいんだけど…
我が社にとってモラルの向上が
売り上げ目標達成のための
急務であると思います！
なにか質問は
ございますか
ぴしっ
新人研修時代　プレゼン研修
さっきから
気になってたんだけど
なんでモラルが上がると
業績があがるのかな？
はい、なにごとも
やる気を…
はい
はい
モラルとモラールは
moral:
・倫理的な
・道徳上の
morale:
・やる気
・意気ごみ
違うよ？
ん！
!!!!
記憶で適当にやると
たいてい痛い目に
あうんだよな…
素直に「やる気」っ
てときゃよかったんだよ
カッコつけすぎた。

笑われない！
英文文書の作り方

英語で会議、英語でプレゼンと、ひとつひとつ試練を乗り越えてきた、よしたに。次は外国人スタッフに英文文書を作成して回さなくてはいけない。「書いたものは残ってしまう」「また笑われるのはイヤだ！」と、四苦八苦しながら考えているうちにどんどん時間がたってしまって……。

> **よしたに** 英文文書の書き方のルールって、何かあるのかな……？

よしたに：ツイッターにミクシィにブログにメール……最近はコミュニケーションも多様化してきているよね。「書く」機会は前より増えているのかもしれないなあ。

源：そうですねえ。友人たち相手に気軽にコメントを書きこめるソーシャルネットワークシステムは、英文ライティングの格好の練習場でもあります。フェイスブックには外国人もたくさんいるので、ぜひ交流してみるといいですよ。

よしたに：日本語でも知らない人と話すのにいっぱいいっぱいなのに、なんてことを！　おっと、それどころじゃないんだ、議事録をアップして次回のスケジュールなどの情報を部員全員にお知らせしなくちゃいけないんだ。ネットの連絡掲示板で。

源：ほうほう。お知らせする内容は日時や簡単な連絡事項くらいなもんなんでしょ？　何をそんなに悩んでいるんですか？

よしたに：だってさ、普通のメールを出すのとは違うスタイルで書かなくちゃいけないんじゃないかと思って。日本語でもそうでしょ、社内文書みたいなものはメールや手紙とは違う独特の書き方をするじゃない？　何かルールがあって、それを知らずに書いて皆に笑われるとイヤだなあ、って。

源：これまであちこちで笑われてきたのに、まだ笑われることは気になるんですねえ。でも確かに、文書作成のルールは気になりますよね。じゃあ、英語の社内文書について勉強しましょうか。

よしたに：なんか、ちょっと毒を吐かれた気がするけどまあ気にしないでおくよ……。

重要フレーズ❶

MEMO
TO: All employees at Development Department
FROM: Makoto Yoshitani, Supervising Engineer
DATE: May 10, 2011
SUBJECT: This week's meeting
The meeting is scheduled at 2 p.m. on May 13, Friday. Please gather in Conference Room A. For more information, contact me at yoshitani@otaryman.com*.

お知らせ
開発部の全社員へ
スーパーバイジング・エンジニア　よしたにまことより
2011年5月10日
今週の会議について
会議は5月13日金曜日午後2時に開催します。A会議室に集まってください。
問い合わせは私あてにyoshitani@otaryman.com*までお願いします。
＊架空のメールアドレスです

よしたに： ん、「**MEMO**」？　メモって、あのメモ？

源： そうです。「memo」にはもちろんメモや覚書という意味もあるんですが、違う意味もあるんですよ。「**MEMO**」は**memorandum**を略したもので、ここでは「回覧状、連絡事」などの意味です。ほかに「**NOTICE**（ご案内）」などもよく使われますね。

よしたに： へえ、そうなんだ！　僕は、必死で訳してみようとして「INFORMATION」と書こうと考えていたよ。

源：「**information**」は「情報」という意味ですから、資料やデータの内容などを伝える際によく使われますが、ここでは内容に合いませんね。「**For more information, ...**（詳細は、～）」と

いう表現はよく使われますので、追加情報をお知らせする場合にはぜひ活用してみましょう。さて、社内文書の項目についてですが、「**TO**（宛先）」「**FROM**（発信者）」「**DATE**（日付）」「**SUBJECT**（件名）」などは必須項目です。書き忘れないようにしてくださいね。

よしたに：なんだかメールのヘッダに記載されているような内容ばかりだねー。こういうものを書けばいいのか。

源：これらの項目の後に、メッセージを書くわけです。文書を回す際には、日本語でも同じだと思いますが、必要な内容だけを簡潔に書くようにしてください。メールや手紙に書くような、あいさつ文や締めの言葉などは不要です。そして最後に連絡先を入れてあげると親切でしょうね。

よしたに：なるほど、メールアドレスの前に**at**を入れて「ここに送ってください」という意味になるんだね。電話番号でも同じ表現が使えるの？

源：そうです、「**Call me at XXXX-XXXX.**（XXXX-XXXX番にお電話ください）」のように言うことができますよ。

よしたに：なるほどね。この文書作成のスタイルは大体どんな文書でも対応できるのかな？

源：基本的には大丈夫ですよ。極秘文書を回す場合には、文書の一番上の目立つところに「**CONFIDENTIAL**（極秘）」と書くようにしてくださいね。続いて、社外の人へ問い合わせを送る際の表現も勉強してみましょう。

重要フレーズ❷

To Whom It May Concern,
I am writing to inquire about the procedures involved in the services you offer.
Are the files transferred online, or should I go and get them in person?
Please let me know. Thank you.
Sincerely,
Makoto Yoshitani

ご担当者様
御社のサービスに関する手続きについてお聞きしたいことがあり、メールしております。
ファイルはオンラインで送られてくるのでしょうか、それとも、伺って直接入手したほうがよろしいでしょうか？
お知らせいただけますでしょうか。ありがとうございます。
よしたにまことより

よしたに：おお、冒頭から初めて聞く表現だな。えーと、直訳すると、「それが関わるかもしれないどなたかへ」……？

源：聞きたいことがあるけれどその件の担当者の名前が分からないときなどに、この表現を使うんです。

よしたに：なるほどね。あ、あと、**inquire**って動詞も初めて聞くなあ。これ、askじゃダメなの？

源：もちろん、askでも意味は通じますよ。でも、取引先や初めて連絡をする相手など、会ったことがないような担当者に連絡をする場合は、やっぱり普段より少しかしこまった表現を使ったほうが無難です。また、「**in person**」は「直接会って」という意味のフレーズです。同じ意味で、「**face to face**」もありますが、「in person」のほうがより丁寧な表現なので、文章ではこちらが適しているでしょうね。

よしたに：書面は丁寧に書くべきだから、「お知らせください」も「Can you tell me?」とか言わないようにしているの？

源：丁寧に話すときには「**Could you ... ?**」などの英語の敬語などももちろん丁寧でいいのですが、やや口語的な表現なので、メールなど、文書でお願いする際には、「**Please let me know.**（お知らせください）」のような表現のほうが自然です。

よしたに：なるほど。で、最後に「**Sincerely,**」か。これは54ページで紹介していた「結びの言葉」のことだね。ビジネスの取引先が相手の場合、どの結びの言葉が適しているの？

源：そう、日本語の「敬具」や「かしこ」のように使われる、結びの言葉ですね。ビジネスの取引先や、お会いしたことないような人が相手の場合でしたら、「**Sincerely,**」や「**Best regards,**」あたりが妥当だと思いますよ。「心をこめて」というようなニュアンスで使っていると思えばOKです。

よしたに：日本語でそんな言葉を書く習慣がないからちょっと照れくさいけど、まあやってみるかな。

源：ええ、こうしたところをきっちり押さえておくと、「お、分かっている人だな」と思ってもらえると思いますよ。また、英文文書を作成する際には、だらだらと長く書きすぎないようにしましょう。大体において、A4で1枚分も書けば十分です。件名も主旨が伝わりやすく簡潔に、結論を先に書くつもりで書いていけばうまくいくでしょう。最後に「**5W1H**」がしっかり入っているか、チェックしておきましょうね。

よしたに：だんだん分かってきたよ。英語はとにかく、「簡潔に分

かりやすく」が大切なんだね。

源： そのとおりです、引き続き頑張りましょう！

第8章のポイント

- ☐ 文書作成の際は口語より丁寧な表現を使おう
- ☐ 必要なことだけを簡潔に、分かりやすくまとめる
- ☐ 最後に5W1Hが入っているかチェックしよう

覚えておこう！

memo「お知らせ」
(be) scheduled at ...「～時に予定されている」
gather in ...「～に集まる」
For more information,「詳細は、」
contact me at ...「～まで連絡してください」
confidential「極秘扱いの」
To Whom It May Concern,
「ご担当者様」
inquire「尋ねる」
in person「直接会って」
let ... know「～に知らせる」

> The meeting is scheduled at 2 p.m. on May 13, Friday.

よしたに The meeting is scheduled at 2 p.m. on May 13, Friday.
（会議は5月13日金曜日午後2時に開催します）

もうひとつ上の攻略WORDS
丁寧な文章を書いて驚かせよう!

社内文書、メール、手紙など、ビジネス・パーソンとして適切な「書く英語」をこの機会に覚えておこう。きちんとした文章を書くことで一目置かれれば、その後のやり取りが一気にスムーズに!

your inquiry
「ご質問」

例 **One of our staff members will respond to your inquiry shortly.**
（弊社社員がご質問に対してまもなく回答いたします）

previous e-mail
「前回のメール」

例 **As I wrote in my previous e-mail, I would like to set up a meeting on Tuesday.**
（前回のメールで申し上げたとおり、火曜日に会議を設けたいと思っております）

earlier
「もっと前に」

例 **I'm sorry I didn't get back to you earlier.**
（もっと早く返信できず、申し訳ありませんでした）

convenient for you
「ご都合のいい」

例 Please stop by our office whenever it's convenient for you.
（いつでもご都合のよいときに、こちらの会社にお立ちよりください）

give one's (best) regards to ...
「〜によろしく伝える」

例 Please give my best regards to your family.
（ご家族の皆さまにもどうぞよろしくお伝えください）

do not hesitate to ...
「遠慮なく〜する」

例 If you have any questions, please do not hesitate to contact me.
（もしご質問がある場合は、どうぞご遠慮なくご連絡ください）

Please find enclosed ...
「〜を同封いたします」

例 Please find enclosed the receipts for all the purchases you made yesterday.
（昨日のお買い物の領収書をまとめてお送りいたします）

attached file
「添付ファイル」

例 I am sending you the statistics data in the attached file.
（統計データを添付ファイルとしてお送りいたします）

めざせ国際派!

おまけの社交スキル
本名で楽しむ海外のSNS

　最近はツイッターなどの台頭により、ネット掲示板などに見られる日本特有の「匿名性」がこれまでとは少し変わってきています。一方、アメリカをはじめとする欧米諸国では昔からMySpaceやフェイスブック、そしてブログ上などで、ネット上での実名＆顔出し写真が当たり前の文化があり、それに対して「危ない」「恥ずかしい」という気持ちは比較的持たないようです。これは、彼ら独特の「特別な人間でありたい」と思う人の多い、いわばヒーロー礼賛文化、そして「私は私、隣が何をしていようと気にしない」という個人主張の強い性格に基づくものかと思います。

　もちろん、そこにリスクはあるのですが、そんな文化を背景に持つ彼らは、時として相手にも堂々と自分を名乗ることを求めます。ネット上でそんなシチュエーションに遭遇したら、個人的な情報を聞いてくるかのようで、違和感を覚えることもあるかと思いますが、悪気がないケースも多いのです。とはいえ、自己防衛は大切です。これ以上は話したくないな、と思ったら遠慮せずしっかり意思表示しましょう。

第9章
パーティー

> 源さん、パーティーの英語、教えてください…

> 恐るるに足らなかったんじゃなかったのか

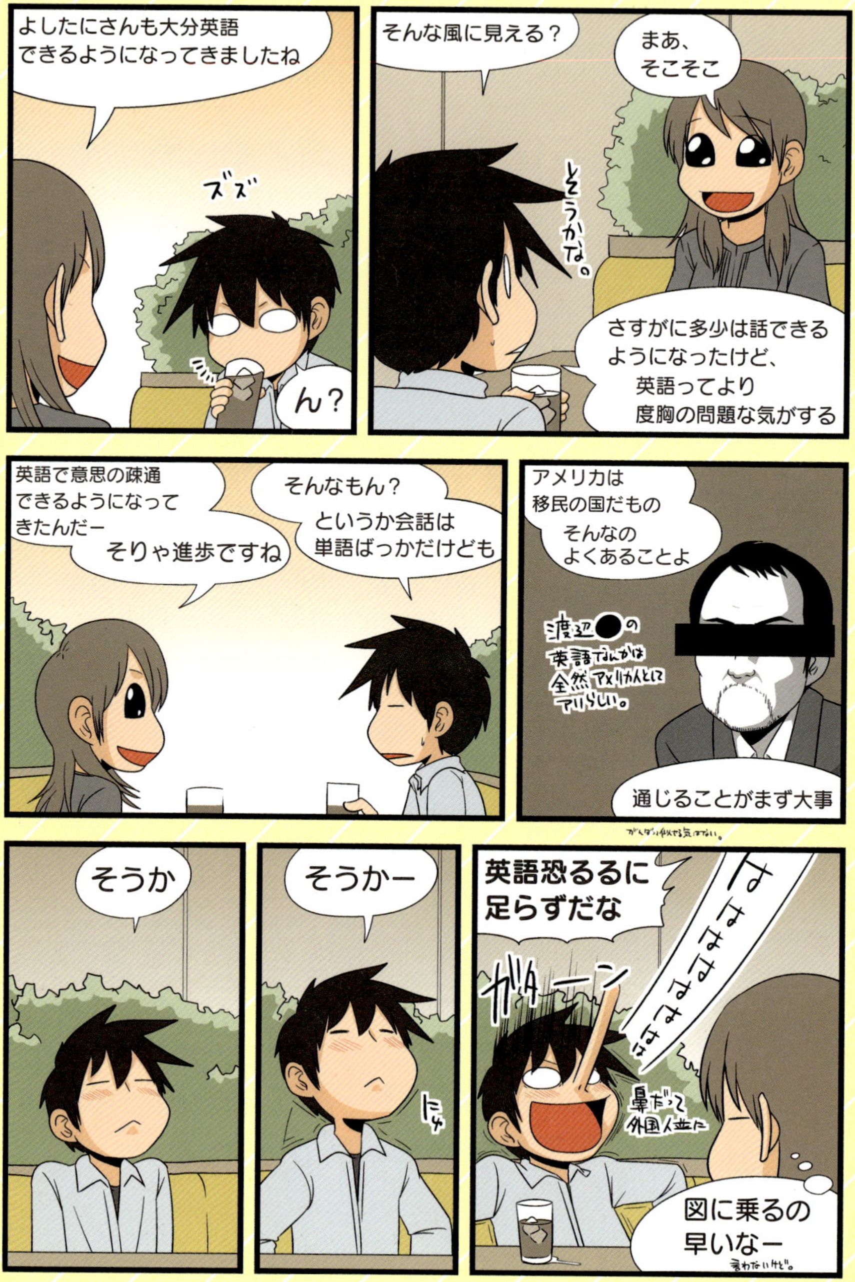

今度の金曜の夜、
OC日本支社の皆さんが
パーティー開くんだそうだ
へー
平日にパーティーですか
当日
18時に出るから
準備しといてな
な!
……
…いってらっしゃい
お気をつけて。
いや、だから
よしたにくんも
出るんだよ
あーなるほど
給仕ですね
僕の
居酒屋バイトの
経歴をご存じとは
お目が高い
ほとんどナベ振ってただけですけど。
給仕なんかしたら逆に
英語でいろいろ
聞かれまくりだぞ？
メニューとか。
ぎっ
夜。
オンオンオーン
源さん、パーティーの英語、
教えてください…
ぐぐ…
ぐぎぎぎ
恐るるに
足らなかったんじゃ
なかったのか

これで浮かない！
社交の英語

> 英語でパーティーに出るなんて無謀すぎる！
> どうしたらいいんだ……？

「最近そこそこ英語ができるようになってきたぞ……」なんて浮かれていたのもつかの間、今度はＯＣ社主催のパーティーに出席することになってしまった、よしたに。普段は赤ちょうちんで一杯が楽しみのよしたににとって、外国人だらけのパーティーなんて未知の世界。一体どうなる!?

> **よしたに** 英語でパーティーに出るなんて無謀すぎる！　どうしたらいいんだ……？

よしたに：ううう、せっかく仕事がうまく行き始めたと思ったのに。

源：きっと行ったら楽しいですよ！

よしたに：僕はそもそもそんな社交的な人間じゃないんだよ！ 日本の会社の同期の結婚式だって出席してはキョドっているのに……。どんだけハードル高いと思っているんだ！

源：まあまあ。でも、アメリカの会社のパーティーは案外フランクなものですよ。かしこまったあいさつの言葉とか不要ですし。

よしたに：あいさつの言葉も何も、何を言ったらいいか分かんないんだってば！ あと、外国のパーティーって、映画なんかで観たことがあるけど、立食なんでしょ？ 立食って、話せる相手がいないとどこにいたらいいか分かんないし、ポツーンと一人で立っていて気の毒に思われるのも切ないし……。

源：ああ、それは分かります！ でも、外国人と仕事をしたり友だちになったりするなら、ちょっとしたパーティーの場は慣れていくしかないかもしれません。こういうイベントが好きな人が多いですからね。そこでは「**small talk**」と呼ばれる、ちょっとしたおしゃべりの英会話が話されます。「small talk」がうまくできれば、その後の関係がスムーズに進みやすいんですよ。

よしたに：でもさ、知らない人ばかりの場所で、どうやって話しかけていったらいいの？ 全然分からないんだけど。

源：確かに。では、まずはブラウンさんのように知っている人を見つけて近寄っていって、「**Hi!**」と声をかけてみてください。そうすれば、その相手が必ず近くにいる人たちを紹介してくれるはずです。知らない者同士を紹介してあげるのは、こうしたパーティーの礼儀ですからね。

よしたに：なるほど。で、「small talk」はどうしたらいいの？

重要フレーズ❶

Where are you originally from?
(どちらのご出身なんですか？)

How was your holiday?
(休暇はどうでした？)

Have you seen any good movies lately?
(最近何かいい映画を観ましたか？)

よしたに：……なんか、普通の会話なんだけど。

源：何を期待していたんですか（笑）。相手に対して質問を投げかけて雑談から会話を広げていくのが「**small talk**」です。初対面の場合、よく聞かれるのは「出身地」の話など、誰でも答えられるような気軽な質問ですね。

よしたに：出身を聞くときは「Where are you from?」じゃないの？

源：「**originally**」には「もともとは」「生まれは」という意味があります。アメリカは移民の国だったこともあり、とにかく国内あちこちを引っ越したり移動したりして暮らす人が多いといわれています。「**Americans are movers.**（アメリカ人は引っ越し好き）」という表現もあるくらいです。それで出身地を聞くときこういう表現がよく使われているんです。

よしたに：そうなんだ。「**How was your holiday?**（休暇はどうだった？）」なんて、会社のパーティーで聞いていいの？

源：ええ、ぜひ積極的に聞いてみてください。仕事関連の相手とはいえ、オフィスの外なんだからこうした軽いおしゃべりを通して親交を深めたいと思うのは、彼らの文化のひとつです。基本的に

多くの人が興味を持っていて楽しく話せそうなテーマが選ばれることが多いです。「**Have you seen any good movies lately?**（最近何かいい映画観た？）」なども、その一例ですね。

よしたに：でも自分がそう聞かれてもどう返していいのやら。

源：簡潔に分かりやすく質問に答えるコツは、まず最初に結論を言って、その内容をできるだけ分かりやすく説明して、最後に相手に質問で返して終わらせることですね。例えば、「**I just saw *Inception*. I was amazed by the mysterious story line and characters. Have you seen it yet ?**（『インセプション』を観たばかりです。不思議なストーリー展開とキャラクターに驚かされました。もうご覧になりましたか？）」のように。

よしたに：なるほど！　その３つのステップは覚えておいたほうがよさそうだな。こういう雑談的な会話って最初の質問はできても、その後に会話を広げていくのが難しくて敬遠しちゃうんだよね。それが怖くて余計な会話を振らないようにしちゃったり。

源：分かりますよ。でも、「small talk」は、基本的に質問につなげるように話してさえいけば、どんどん話が広がっていきますよ。例えば相手のほうが「最近○○って映画を観たよ」と言ってきたら、さらに質問しちゃうんですよ。「**How did you like it? / How was it?**（どうだった？）」とか。

よしたに：なるほど。「自分のことを英語でどんどん話さなくちゃいけないんだ！」と思っている必要はないのか……。

源：英語力を気にして話さないでいると、英語を覚える機会をみすみす逃すことになっちゃうからもったいないですよ！　ぜひ話しかけることと、質問とリアクションだけはやるように心がけてみてください。

よしたに：ううう、ハードルは高そうだけど、分かった……。あと、日本語でもそうなんだけど、こういう雑談の切り上げ時が分からない。最後いつも変な感じで終わっちゃうんだけど。

源：ああ、そういうことありますよね！ では、「small talk」を切り上げる表現も覚えておきましょう！

重要フレーズ❷

There's Mr. Brown. I should say hello. Excuse me.
（ブラウンさんがいますね。あいさつしてこなくては。失礼します）

I had a great time talking to you. I hope to see you again sometime soon.
（お話できてとても楽しかったです。近いうちにまたお会いできることを楽しみにしています）

It's getting late. I'd better get going. This was fun, thank you.
（遅くなってきましたね。そろそろ行かなくては。楽しかったです、ありがとうございます）

よしたに：おお、なんだかかっこいいぞ？

源：「**I should say hello. Excuse me.**（あいさつしなくては、失礼します）」は、その場を離れる理由を明言する例ですね。とてもよく使われるフレーズですよ。

よしたに：へええ、便利だね。でも、「**Excuse me.**」って、何かをしてしまって、「すみません」って言うときや、お店で人を呼ぶときとかに使う表現だと思っていたんだけど……。

源：「**Excuse me.**」は席を離れるときにも「ちょっと失礼します」という意味でよく使われるので、こういうときぜひ使ってみてく

ださい。「**Will you excuse me?**（失礼させていただいてよろしいでしょうか？）」と丁寧に質問形で言う人もいますよ。

よしたに：「**I had a great time.**（楽しい時間を過ごしました）」はよく聞くね。

源： そうですね。冠詞のaは忘れないように入れてくださいね。間違いやすいポイントなので気をつけて。

よしたに： 3つ目の「**I'd better get going.**」がちょっと分からないな。「I should go.（行かなくちゃ）」じゃダメなの？

源：「**I'd better …**（〜したほうがいい）」はshouldより丁寧な表現なので、ビジネス・シーンではこちらを使ったほうがいいでしょうね。また、「**get going**」は、ただのgoよりも「出発する」ニュアンスを含んでいて、「そろそろ失礼しますね」と言いたいときによく使われる表現なんです。あわせて覚えておきましょう。

よしたに： ふむふむ。2つ目、3つ目の例文はどちらも、「楽しかった」って気持ちをちゃんと伝えてるわけだね。

源： そうです。英語でコミュニケーションを取っているときは、日本語を話しているときよりもやや大げさに自分の気持ちを言葉にしましょう。例えば初デートの最後に、相手に「**This was fun. Let's do it again sometime.**（楽しかったよ。またいつか出かけよう）」などと言って好意を表現することもよくあります。って、よしたにさんにはあんまり関係ないでしょうけど。

よしたに： また余計なことを言ったね。まあでもよく分かったよ。

源： あとは、周りの人を見ながら行動したら大丈夫ですよー。楽しんで来てくださいね！

第9章の ポイント

- □ パーティーでの会話「small talk」をマスターしよう
- □ 質問につながるように話をして、会話を続けよう
- □ 去り際には「楽しかった」という感想を伝えよう

覚えておこう！ フレーズ

originally「もともとは・出身は」
lately「最近」
(be) amazed by ...「〜に驚かされる」
How did you like it?「どうでしたか？」
get late「遅くなる」
had better ...「〜したほうがいい」
get going「出発する」

> It's getting late. I'd better get going. This was fun, thank you.

よしたに It's getting late. I'd better get going. This was fun, thank you.

(遅くなってきましたね。そろそろ行かなくては。楽しかったです、ありがとうございます)

もうひとつ上の攻略WORDS

同僚を飲みに誘ってみよう！

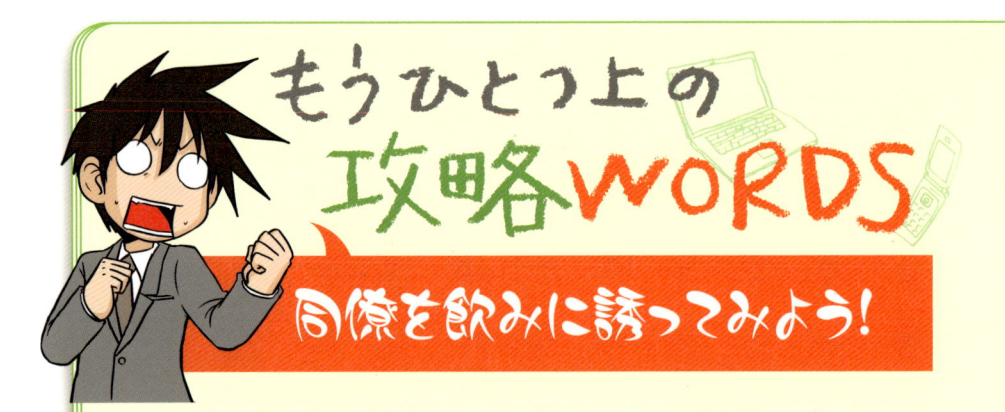

「せっかく日本に出張や駐在しているのだから、もっと日本を知りたい」と思う外国人ビジネス・パーソンも多いはず。いつもお世話になっている相手をもてなすためにも、たまには勇気を出して飲みに誘ってみよう！

go out for drinks
「飲みに行く」

例 **What do you say you and I go out for a couple of drinks?**
（ちょっと一緒に飲みに行きませんか？）

take ... to a restaurant
「～をレストランに連れて行く」

例 **We would like to take you to a nice Japanese restaurant.**
（いい日本料理屋があるのでいかがですか）

How's ... ?
「～はどうですか？」

例 **How's 7 p.m., Friday?**
（金曜日の7時はいかがですか？）

work for ...
「～にとって都合がいい」
- 例 **Does 7 p.m., Friday work for you?**
  （金曜日7時でご都合はいかがでしょう？）

Here's to ...
「～に乾杯」
- 例 **Here's to our successful future!**
  （われわれの輝かしい未来に乾杯！）

make a toast
「乾杯の音頭を取る」
- 例 **I would like to make a toast.**
  （乾杯の音頭を取らせていただきたいと思います。）

Here's ...
「～をどうぞ」
- 例 **Here's a hand towel.**
  （おしぼりをどうぞ）

all right
「問題ない」
- 例 **Is everything all right?**
  （お変わりありませんか？・（レストランにて）料理の味はいかがですか？）

(be) allergic to ...
「～にアレルギーがある」
- 例 **Are you allergic to anything ?**
  （何かアレルギーで食べられないものはありますか？）

9 パーティー

めざせ国際派！

おまけの社交スキル
知っておこうパーティーの表現

　欧米諸国では、会社関係のパーティーでも、妻・夫や交際している相手など、パートナーを伴って出席することは珍しくありません。招待状にもよく「パートナーの方もぜひご一緒に」と記載されています。「夫婦は家族の最小単位である」と考えるアメリカ社会では特に、既婚者であれば社交の場に配偶者を連れてくることはむしろ当然と考えられています。いつまでも配偶者を連れてこないと「どうなってるの？」なんて思われてしまうかも。

　とにかくアメリカ人はパーティー好き。学生時代から週末となると誰かのアパートでホーム・パーティーが行われており、社交的な人であれば「**small talk**」をいくらか交わした後、同じ日にほかのパーティーに移動して「**party hopping**（パーティーのはしご）」、なんてことも。

　カジュアルなパーティーではよく、招待のメールなどに「**BYOB（Bring Your Own Bottle**＝自分の飲み物は持ってきてください）」「**potluck party**（持ち寄りパーティー＝何か食べ物を持ってきてください）」などと書いてあります。パーティーのスタイルを見極めて、積極的に参加してみましょう。

第10章
面接

自宅。
PONG

Dear Mr. Yoshitani,
I am Ted Williams from Tech Human Resources. I am writing to ask if you are interested in a position with an American software company ...

………
エロワードは勝手に目に入る
スパムメールなのにエロくない……！！

しかし対象の狭いスパムだなこれ
アメリカで
はっけー
ソフト会社で
Yoshitaniさん相手

ヘッドハントじゃんこれ
うそっ
ばっ

日本語ではたまに来るけどびっくりするわー
いやーびっくり

かんぱいっ
すこしうれしい

外資か…

先輩

ん？

ひょい

外資からスカウトが来たらどうします？

嫁子供いなかったら話聞くだけ聞いてみる

へえ、意外
英語嫌いなんかと思ってました

好きではないなあ

でも転職したら逆に英語できるようになる
不況だからキャリアは増やしたほうが有利だ

あー
確かにそれはあるかも…

あと
ブラウンさん見てると……

あのスーツ高そうだー。

時計も高いっすよきっと。

金持ってそう

ですよね

だろ

てか どこで買うんでしょうね
あの触ると指切れそうなYシャツ

形状記憶Yシャツ
(ノーアイロン)

10 面接

英語でしっかり自己アピール！

> 英語で面接か……。どんなことを聞かれるんだろう？　そしてどんなアピールをしたらいいんだろう？

ちょっとよこしまな気持ちもありながらだが、勇気を出してヘッドハンティングの面接に行ってみることにした、よしたに。しかし、面接は当然すべて英語で行われるわけで、一筋縄では行かなそうだ。結果はともあれ、印象に残るような面接にしたいが、どうしたらいい？

よしたに 英語で面接か……。どんなことを聞かれるんだろう？　そしてどんなアピールをしたらいいんだろう？

よしたに：いやあ、人気者はつらいね！

源：よしたにさん、アメリカ式の面接って結構難しいですよー。

よしたに：そこは、ほら、使えるフレーズを教えてくれるんでしょ！？

源：出た、他力本願！　英語力ももちろん必要なんですが、彼らの質問はかなり厳しいですよ。ヘッドハントされたからといって仕事が決まったわけではないですしね。日本の会社と違い、アメリカの会社では新卒を一斉採用して研修させて教育しようなんて一切考えていません。欲しいのは即戦力、だから「技術」「人脈」など目に見えて会社に持ってこられるものを求めてその能力があるかどうかしっかり見極めます。

よしたに：うわさには聞いていたけど、ずいぶんシビアなんだねえ。いきなり首を切られることもあるっていうのも本当なの？

源：ええ。そもそも働く側も基本的には数年働いて、得た能力と実績を武器にして、さらに上の会社に転職していくのが普通です。

よしたに：なんだかすごい競争社会なんだな。殺伐としてそうで、僕には向いてないかもしれないなあ。

源：その分報酬は高いことが多いので、メリットとデメリットを見極めて考えるといいと思います。まあ、英語の面接はいい勉強になるので、受けてみるといいですよ！　大事なのはとにかく自分をアピールすることです。謙遜は絶対にしないでくださいね！何ひとついいことありませんよ！

よしたに：アピールか。うう、苦手だなあ……。

源：あらかじめ言う内容を考えていけば平気ですよ！　面接では、最初に「**Tell me about yourself.**（まず自己紹介をしてください）」と言われるでしょう。その際は「I'm Makoto Yoshitani.」から始めて、これまでに習った自己紹介と同じよう

に話せばOKです。そして大切なのは、随所に自己アピール表現を入れながら話していくことです。

重要フレーズ❶

I'd like to be part of this wonderful company.
（この素晴らしい会社の一員になりたいと思っています）

I strongly believe I'm the best person for this job.
（自分がこの仕事に最も適していると心から信じています）

I'm eager to meet new challenges. I want to learn more.
（新しい挑戦にぜひ取り組みたいと思っております。もっと学びたいのです）

よしたに： うわあ、なんか僕のキャラからだいぶ離れてきたな！

源： た、確かに……。でもこれくらいは言わないと、おそらくライバルに負けちゃうでしょうね。これはどこで混ぜてもかまいません。面接が終わるまでに、必ずどこかでこういう発言をするように心がけてみてください。「その会社にどれほど入りたいと思っているか」、そして「自分の能力に自信がある」ことを相手に伝えるために。

よしたに： なるほど。「**would like to ...**（～したい）」は、「**want to ...**（～したい）」と比べて丁寧な表現だよね。当然、面接でもこうした「英語の敬語」を使うんだよね？

源： そうです！　やはりきちんとした英語を話せれば、それだけで印象はアップしますからね。「**be part of ...**（～の一部になる）」という表現も、「入社する」ことを丁寧に言い表すために使われてい

ます。

よしたに：「**believe**（信じる）」は、はっきりとした意思が示せる動詞だったな。

源：そう、できるだけ「I think ...（〜と思う）」「I feel ...（〜と感じる）」などの表現は使わないでください。会社は自分の能力に自信がある人を欲しがっているのですから。ここではさらにbelieveを「**strongly**（強く）」で強調しています。「**the best person for ...**（〜に最適の人間）」は、「**I'm the right person for the position.**（この職には自分が適しています）」などと言ってもOKです。

よしたに：ほうほう。**eager**は初めて聞いた単語だな……。

源：「**be eager to ...**（〜したくてたまらない）」は、強い要望を表すフレーズです。**believe**同様、強い単語や表現を使いながら、自分の気持ちが確かであることをアピールしているんです。

よしたに：なるほど。英語の面接では、英語の敬語と強い表現を武器にして、戦わなくちゃいけないんだな。

源：そうですね。ほかにも武器として、「笑顔」「アイコンタクト」「ジェスチャー」ができるといいですね。

よしたに：そんなにあれこれしなくちゃいけないと、現場で混乱しそうだな。「ジェスチャー」って何？

源：話すときに身振り手振りで自分の気持ちを表すことですよ。これもやる気を示すのに有効なんです。さて、一般的に英語面接で聞かれる質問は「志望動機」「長所・短所」「将来の目標」などについてです。これらの質問に、自己アピールをしながら答えるためのフレーズを覚えていきましょう。

重要フレーズ❷

ABC Company is a well-known industry leader. I sincerely believe I can utilize my engineering skills here.
(ABC社は世に知られる業界のリーダーです。自分のエンジニアとしての能力を活用できると思います)

I'm a multitasking person.
(私は同時にいくつものことをこなせます)

I'm good at communicating with people inside and outside the office.
(会社の内外でのコミュニケーションに長けています)

My greatest weakness is, maybe, taking on too many responsibilities by myself.
(私の最大の弱点はひとりで責務を抱えすぎることかもしれません)

My long-term goal is to become the best engineer in this field.
(私の長期目標はこの分野で最高のエンジニアになることです)

よしたに：和訳を読むとちょっと気恥ずかしいような表現が多いね。

源：慣れないとそうかもしれませんね。でも、どんな質問への回答も、最後には自己アピールにつなげられればこちらのものです。「**well-known**（よく知られている、周知の）」「**industry leader**（業界のリーダー）」は使い勝手のいいフレーズなので覚えておきましょうね。「**utilize**（活用する）」は、「**use**（使う）」に比べて、やはり丁寧な表現になります。

よしたに：「**multitasking**（マルチタスクする）」は日本語でも使う言葉だから、分かりやすいな。でも「**I'm a multitasking person.**」は、こんなにシンプルでいいの？

源：「I'm a … person.（私は〜な人間です）」を使って、簡潔にはっきりとアピールしたほうが効果的です。

よしたに：「コミュニケーションに長けている」は僕が言うと嘘っぽい気がするけど……。

源：まあ確かに。「**I'm good at …**（〜が得意）」を使って自分の得意な内容を入れていろいろ言ってみるといいですよ。

よしたに：短所は当たっているんだけどね。

源：短所は「**weakness**」「**weak point**」、長所は「**strength**」「**strong point**」などと言うことが多いですね。大事なのは、短所と長所は表裏一体だと踏まえて、裏返せば自分の長所だと言える部分を短所として話すことです。

よしたに：最後の「**long-term goal**（長期目標）」って何？

源：英語面接でよく質問に出るのが「**short-term goal**（短期の目標）」と「**long-term goal**（長期の目標）」です。入社後すぐの目標と、5年後または10年後程度先の目標について聞かれるんです。「**My short-term goal is to gain experience and knowledge and improve my skills.**（当面の目標は経験と知識を身に付けてスキルを向上させることです）」などと答えましょう。最後は、「**Thank you very much for taking the time to see me.**（お時間を割いていただいてありがとうございます）」と、お礼で終わることを忘れずに！

よしたに：うーん、英語面接は思ったより難しそうだ。

源：確かにそうですが、緊張しすぎる必要はないですよ。英語力は完璧じゃなくても、日本人にはほかに負けない高い技術や能力だってしっかりあるんですから！

第10章のポイント

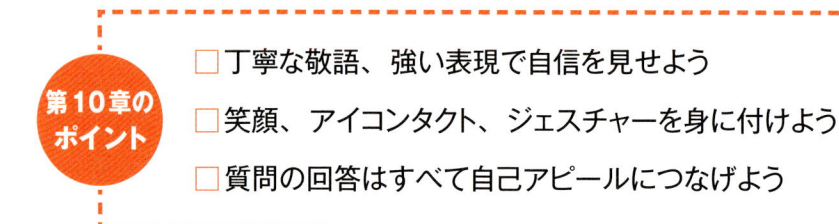

- □ 丁寧な敬語、強い表現で自信を見せよう
- □ 笑顔、アイコンタクト、ジェスチャーを身に付けよう
- □ 質問の回答はすべて自己アピールにつなげよう

覚えておこう！

- **be part of ...**「〜の一部になる」
- **strongly**「強く」
- **the best person for ...**「〜に最適な人間」
- **(be) eager to ...**「〜したくてたまらない」
- **well-known**「世に知られた・周知の」
- **industry leader**「業界のリーダー」
- **sincerely**「心から」
- **multitasking**「同時にいくつものことをこなす」
- **(be) good at ...**「〜に長ける」
- **weakness / weak point**「短所」
- **strength / strong point**「長所」
- **take responsibility**「責任を取る」
- **gain**「得る」

よしたに **I strongly believe I'm the best person for this job.**
（自分がこの仕事に最も適していると心から信じています）

もうひとつ上の攻略WORDS

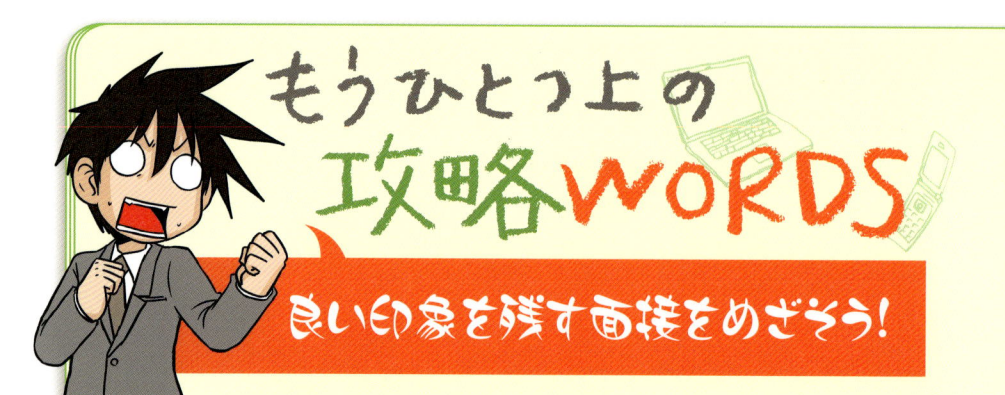

良い印象を残す面接をめざそう！

面接で強い印象を残すためには、まずはしっかり自分のことを分かってもらうことが大切。さらに、面接の最後に「質問はありますか？」と聞かれたときには必ず質問しよう。最初から最後まで気を抜かず自己アピールを！

former job
「前職」
- 例 I worked as an assistant editor in my former job.
（前職では副編集長を務めていました）

meaningful experience
「有意義な経験」
- 例 Getting my MBA in the U.S. was a meaningful experience.
（アメリカでMBAを取得したことは有意義な経験だったと思っています）

motivate
「やる気にさせる」
- 例 What motivates me most is having challenges in my job.
（挑戦しがいのある仕事に恵まれることが一番励みになります）

to date
「今まで」

- **To date I've always worked in marketing.**
  (今までの私の経歴は常にマーケティングに関連したものです)

(be) fully prepared to ...
「～する準備がきちんとある」

- **I am fully prepared to take on any responsibility at this company.**
  (御社でどのような責任にも対処する準備ができています)

positive attitude
「前向きな姿勢」

- **Despite all the difficult circumstances, I've always maintained a positive attitude.**
  (どんなに困難な状況下でも、前向きな姿勢は変わりませんでした)

review period
「試用期間」

- **How long is the review period?**
  (試用期間はどのくらいですか？)

prerequisite
「必須条件」

- **Is there any prerequisite for this position?**
  (この仕事をするための必須条件はありますか？)

employee benefits
「従業員手当」

- **If there are any employee benefits, I'd like to know about them.**
  (もしあるのなら、従業員手当についてお聞きしたいのですが)

> めざせ国際派！

おまけの社交スキル
英語履歴書を書くコツ

　外資系企業の求人に応募する際、英語で履歴書を書く必要があります。日本語の履歴書と違い、決まった用紙などはありませんが、暗黙のルールは存在します。まず、A4サイズの用紙1～2枚程度に収めること、手書きではなくタイプすること、学歴・職歴・資格と技能・自分の長所などを箇条書きで盛り込むことです。学歴・職歴は新しいものから先に書きます。

　どの項目も、簡潔で分かりやすい文章で書きつつ、事実の羅列だけでなく、どのようなスキルを得たのかも書き表すことが大切です。自分の性格や特技についても必ずひとこと書きましょう。「aspiring singer（歌手としても頑張っています）」など、一見カジュアルすぎる内容でも、楽しそうな人柄が見えてくるので効果的です。

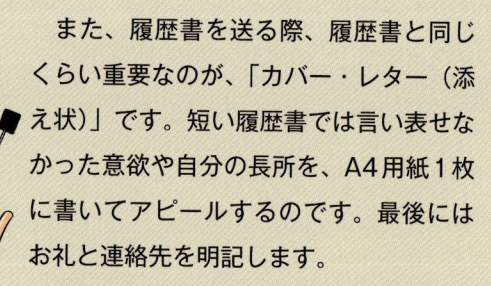

　また、履歴書を送る際、履歴書と同じくらい重要なのが、「カバー・レター（添え状）」です。短い履歴書では言い表せなかった意欲や自分の長所を、A4用紙1枚に書いてアピールするのです。最後にはお礼と連絡先を明記します。

　面接官がカバー・レターと履歴書を読むのに費やす時間は1～2分と言われます。短い自己アピールの場ですが、できる限り印象に残るような内容を目指しましょう。

第11章 「ありがとう」

…お礼、言わなくちゃなあ

Good morning,
Makoto! How are you
today?
Good.
How is it going?
Good.
See you later!
ブラウンさん
帰るの来週かあ…
はえー
プロジェクトも順調に
走り出したし、OC社の
皆さんもアメリカに
戻るんですね
ずっとテンパってて。
なんか、
あっという間
だった気がする
よしたにさん
意外と英語しゃべって
ましたね。できても
しゃべらない人かと
思ってました
いやその認識は
正しいが
何しゃべったか
正直覚えてないわ
いっぱいいっぱい
だったからなー
意外と余裕が
ありそうに
見えましたよ
あ、
そう？
メキョキョ
少なくとも
女の子としゃべってるよりは
自然に見えました
おい

まー…
なんだかんだ慣れたからねえ

OC社の人にはフォローされてばっかりだったし

？

？

ヘラッ

…お礼、言わなくちゃなあ

ついでに彼女が日本人かどうかも聞いとくべきだろうか

はっ

ないです

11 「ありがとう」

心をこめて「ありがとう」を言おう！

> なんとか、ちゃんと「ありがとう」を伝えたいな。どう言ったらいいだろう？

最初は「絶対無理」と思っていた英語で仕事の日々も、過ぎてみればあっという間。いよいよ担当者のブラウンさんがアメリカに戻ることになった。思えば、つたない英語ではあったが電話でのやり取り、会議、交渉、そして職場を離れた場所での会話など、お互い努力をしながらの充実した時間。はじめは不安ばかりだったよしたにも、今はブラウンさんが日本を去ることが少し寂しそうだ。

よしたに なんとか、ちゃんと「ありがとう」を伝えたいな。どう言ったらいいだろう？

源：ブラウンさん、アメリカに戻っちゃうんですねー。

よしたに：うん。これからはお互い日本とアメリカにいながらメールベースでのやり取りになるよ。

源：……なんか寂しそうですね。

よしたに：あんだけお世話になったからね、やっぱりちょっと感慨深いというか、残念というかね。

源：そうでしょうねえ。ちゃんとお礼を言いましょうね。ただ「ありがとう」じゃなくて、それに自分らしいひとことを付け加えると、より気持ちが伝わると思います。

重要フレーズ❶

Thank you for everything you've done for us. I felt comfortable working with you because you were so easy to talk to.
（いろいろとありがとうございました。とてもお話ししやすい方だったので、一緒にお仕事しやすくて助かりました）

You will never know how much I appreciate your work here. With you, our team was able to double its efficiency.
（あなたの功績には感謝しても、したりません。おかげさまで、われわれのチームは能率を2倍上げることができました）

It's been great knowing you. I'm so grateful for your support and kindness.
（ご一緒できてうれしかったです。私を支えてくださったこと、また、お心遣いに感謝します）

よしたに：わー、褒めてる！　めっちゃ褒めてるね！

源：よしたにさんの話を聞いていると、こんな感じかなと思うんで

すが、どうでしょう？　この中に3通りの「ありがとう」の表現があるのが分かりますか？

よしたに：あ、ほんとだね。これまで習ってきた「**Thank you for ...**」だけじゃないんだね。感謝といえば、僕はいつでも「**Thank you.**」が頭に浮かんでしまうんだけど、どう使い分ければいいの？

源：まず、「**Thank you.**」はオールマイティーな「ありがとう」のセリフなので、カジュアルすぎて失礼なんてことはありません。友人に対しても、目上の方に対しても使えるし、ストレートに気持ちが伝わるフレーズなので、どんどん使ってくださいね。「〜をありがとう」は「**Thank you for ...**」を使うと前に覚えたと思いますが、**for**以下で「〜してくれて」と言う際、そこは必ず名詞形になるので、動詞を入れる際には、**...ing**の形にするのを忘れずに。

よしたに：なるほど。「助けてくれてありがとう」は、「**Thank you for helping me.**」となるわけだね。

源：その通りです！　「**everything you've done for ...**」は「〜にしてくれたすべてのこと」という意味のフレーズで、こちらもよく使われます。「**feel comfortable**（居心地がいい・快適に感じる）」も素敵な褒め言葉ですよ。また、「**(be) easy to talk to**（話しやすい）」の「be＋形容詞＋to＋動詞」は、「**You are so much fun to be with.**（あなたと一緒にいると、とても楽しい）」のように、いろいろと活用させることができるので試してみてくださいね。その際、**to**や**with**のような前置詞を忘れず入れるようにしましょう。

よしたに：なるほど。どれも相手への褒め言葉としてよく使われそうだね。……僕は日本語でもあまり言えたことがないけど。

源：ふふふ。あとの2つは、「丁寧にお礼を言っていますよ」という気持ちが伝わりやすい、礼儀正しい表現です。「**I appreciate ...**（〜を感謝します）」という表現に、さらに「**You will never know how much ...**（どれほど〜か、あなたには分からないでしょう）」という強調表現を使って、最大限にお礼の気持ちを伝えているんです。英語ではこういう「とてもじゃないけど伝わらない」＝「それほど大きな意味を持つ」アピールをすることが多いんです。たとえば、「**Words can never say how much I love you.**」で、「言葉なんかじゃとても君への愛を伝えきれない」と言ったりします。

よしたに：わあ！　すごいベタベタなセリフだな！

源：まあ、よしたにさんの場合、セリフを言う前に相手を見つけなきゃいけませんけどね。ちなみに、最後のフレーズの「**It's been great knowing you.**（ご一緒できてうれしかったです）」は、あいさつのときに言う「**Nice to meet you.**（お会いできてうれしいです）」と基本的に同じ意味で、それが現在完了形になっています。**has been**を使って「出会ってからここまでの間、あなたを知っていたことは素晴らしいことだった」（直訳）と言っているんですね。

よしたに：なんか聞いてると恥ずかしくなってきた……。

源：次の「**I'm grateful.**（感謝しています）」も同じく丁寧な感謝の表現ですが、注意したい点は、目的語としての相手を入れる場合、「**I'm grateful to you.**（あなたに感謝しています）」と、**to**が付くことです。ここでは、目の前にブラウンさんがいるので、to youを入れるかわりに、「**for your support and kindness**（あなたのサポートと心遣いに）」とつなげていますが。

よしたに：なるほどね。一見どれも長い英文で大変そうに見えたけど、ひとつひとつ区切って考えると案外やれそうかな。

源：そうした意味ごとに分けることのできる塊のことを「**chunk（チャンク）**」と呼んだりします。チャンクごとに覚えて、それをうまく結びつけることができれば、英会話はそんなに難しいものではないですよ。では、お礼の表現に続いて、今後ブラウンさんとのやり取りをスムーズに行うために最後にひとこと添えるセリフを紹介しましょう！

重要フレーズ❷

Please visit me anytime you come to Japan. I'll be happy to show you around.
（日本に来ることがあったらいつでも訪ねてください。案内しますから）

When you come to Tokyo again, we should meet up for a cup of coffee.
（また東京に来る際は、ぜひ会ってコーヒーでも一緒に飲みましょう）

With e-mail, Twitter and Facebook, we don't have to say goodbye, which is a great thing.
（メールやツイッター、フェイスブックがあるから、さよならを言わなくてもいいですね、素晴らしいことです）

よしたに：サービス精神旺盛！

源：まあ、ニュアンスは気持ちに応じて調整していただければと思いますが、やはりこのくらい言うことができれば、これからも仲良くしたい気持ちが伝わると思いますよ。

よしたに：「**show you around**」で「案内する」という意味になるの？

源：そうです。「日本に来ることがあったら」を「**when**（〜するとき）」ではなく、「**anytime**（〜のときはいつでも）」を使って表すことによって、より歓迎している気持ちを表現しています。「**whenever**（〜するときはいつでも）」を使ってもいいですよ。また、「**I'll be happy to …**（喜んで〜します）」も、ほかのシーンでも使える便利な表現なので覚えておきましょう。

よしたに：「**I'll be happy to delay the deadline!**（喜んで締め切りを延ばします！）」。

源：……今、何か言いました？　次のフレーズで使っている「**meet up**（会う）」は、ただのmeetに比べると、upを使って気持ちを強調しているとともに、「予定して会う」というニュアンスも含んでいます。お礼の気持ちを伝えるときは、このように、普段の表現より全体的に気持ちを強調するようなニュアンスを加えると、より伝わりやすくなります。「**for a cup of coffee**」は、直訳すると「コーヒー1杯のために」ですが、「お茶でもしながら」と、気軽な気持ちであることを表現するためによく使われます。

よしたに：3つ目の「**we don't have to say goodbye**（さよならを言わなくていい）」はなんだかキザなセリフだ！　あと、最後に「**which is a great thing**」を付けてあるけど、こういう文章はちょっと見たことがないな。**which**って、よく関係代名詞として使われるよねえ？　「**That's the bag which I bought yesterday.**（それは昨日買ったバッグです）」みたいに。

源：そうですね。文末のこの**which**も、もちろん関係代名詞ですよ。まずwhichは、**who**などと比べて、物や事柄について使われます。そして、ここでのwhichは、すぐ前の単語について話しているのではなく、それまでに話していた内容全体にかかっているんで

す。つまり、「**With e-mail, Twitter and Facebook, we don't have to say goodbye**（メールやツイッター、フェイスブックがあるから、さよならを言わなくてもいい）」ということ、について、「a great thing（素晴らしいこと）」と言っているんです。

よしたに：へええ！　つまりwhich以降は、全体に言及してるわけなんだね。

源：あくまで口語表現ですが、最後に**which**を付けるこの方法はよく使われるんですよ。この文末に付けるwhichの場合、「**Two of my best friends just married each other, which is just wonderful.**（親友の2人が結婚したんだ、とにかく素晴らしいよ）」のように、文章は「2人」という主語で始まっていますが、whichは「〜なこと」という事柄にかかっているので、which後のbe動詞は単数になります。ちょっと難しいですが、気をつけてくださいね。

よしたに：なるほどー。慣れないとちょっと難しそうだけど、こんな風に話せると「英語が話せた！」と自信が持てそうではあるね。それにしても、英語を勉強するってことは、英語を話す「心」を覚えるってことなんだなあ。もともと外交的じゃない僕にはかなりハードルが高かったけど……。これから、一緒に英語を話す人もいない中、ひとりでどうやって勉強を続けていけばいいのかな？

源：一番いいのは、「英語のシャワー」を浴びるように、英語だらけの環境を作ることです。通勤時間ずっと英語を聞くとか、海外ドラマを続けて観てみるとか、英語に触れる機会をあまり減らさないような努力ができるといいですね。そうすれば、少しずつ「英語で考える癖」がつくようになりますよ。それができれば、「日

本語をいちいち英訳する」のではなく、英語で考えながら文章が作れるようになりますし、そのうち「あれ、こんなに話せるの？」というブレイクスルーの瞬間が訪れるはずです。そうやってどんどん話せる英語や話せる相手が増えていくのは、とても楽しいことですよ！

よしたに：……そうだね、もう少し頑張ってみようかな。

源：単語や表現を覚えるのとともに、「間違いを恐れずに話す」「感情をできる限り表現する」「何より英語に触れることを楽しむ」気持ちを持つことが大事です。一緒に頑張っていきましょう！

よしたに：ほーい。

第11章のポイント

- □ チャンク（塊）ごとにフレーズを覚えて、つなげて話してみよう
- □ 感謝の気持ちは普段より強調した表現で伝えよう
- □ 間違いを恐れず、感情をできる限り表現しながら、楽しんで英語の勉強を続けよう

覚えておこう！

everything you've done for ...
「〜のためにしてくれたこと」

feel comfortable「居心地がいい・快適に感じる」

(be) easy to talk to「話しやすい」

You will never know how much ...「どれほど〜か分からないでしょう」

appreciate「感謝する」

It's been great knowing you.
「ご一緒できてうれしかったです」

(be) grateful「感謝している」

show ... around「〜を案内する」

meet up「会う」

for a cup of coffee
「コーヒーでも飲みながら」

> It's been great knowing you. I'm so grateful for your support and kindness.

よしたに It's been great knowing you. I'm so grateful for your support and kindness.

（ご一緒できてうれしかったです。私を支えてくださったこと、また、お心遣いに感謝します）

11「ありがとう」

もうひとつ上の攻略WORDS

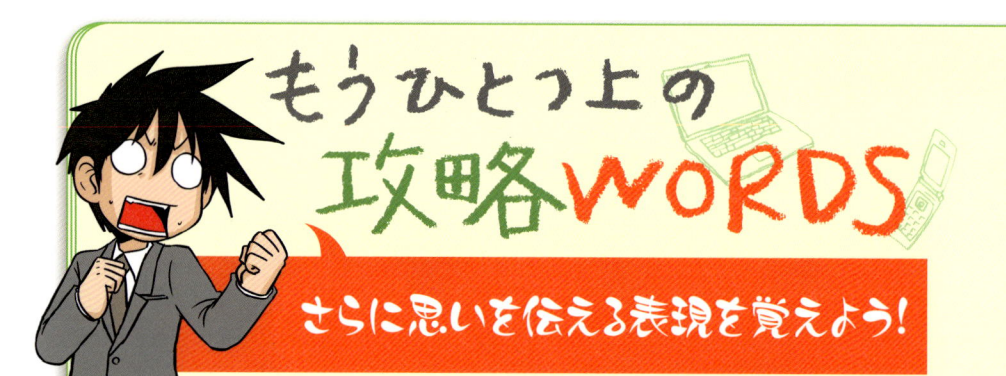

さらに思いを伝える表現を覚えよう!

遠く離れてしまう仕事相手や友人に「さようなら」を言わなくてはいけない場合や、その後のメールでのやり取りで、自分の気持ちが伝わる表現を覚えてみよう。せっかく培った縁と覚えた英語力を継続するために！

(be) lucky to ...
「〜して幸運だ」

例 **I was lucky to have such a great colleague.**
（こんなに素晴らしい仕事仲間に恵まれて幸せでした）

miss ...
「〜がいなくて寂しい」

例 **I'm sure I'll miss you a lot.**
（あなたがいなくなると、とても寂しくなるでしょう）

Thanks to you, ...
「あなたのおかげで、〜」

例 **Thanks to you, it's been a wonderful year.**
（あなたのおかげで素晴らしい1年になりました）

will never forget
「決して忘れない」

例 I will never forget how helpful you were.
（あなたが私をどれほど助けてくださったか、決して忘れません）

will always remember
「ずっと覚えている」

例 I will always remember all the laughter I had with you.
（あなたと過ごした楽しい時をずっと覚えているでしょう）

have a wonderful trip
「快適に旅する」

例 I hope you will have a wonderful trip back home.
（おうちまで、快適な旅でありますように）

deal with jet lag
「時差ぼけに対処する」

例 How are you dealing with jet lag?
（時差ぼけは大丈夫ですか？）

keep in touch
「連絡を取り合う」

例 We are already missing you. Let's keep in touch.
（皆すでに寂しがっています。ぜひこれからも連絡を取り合いましょう）

Good luck with ...
「～の幸運を祈る」

例 Good luck with everything you do!
（これからのご発展をお祈りいたします！）

めざせ国際派！

おまけの社交スキル
感謝のプレゼントを渡そう

　「ありがとう」を伝える際にちょっとした贈り物があるとさらに気持ちが伝わって素敵です。高価なものではなくていいので、日本滞在の思い出になるようなものをぜひお渡ししましょう。女性なら和小物や和雑貨（着物の切れ端で作られた化粧ポーチやハンカチ、髪飾りなど）、男性なら和風な柄の折り畳み傘（日本の折り畳み傘はかなりの優れものだと思います）などが喜ばれるようです。

　お渡しする際には、「**Here's something to remember Japan by.**（日本を思い出していただければと思って、ちょっとした贈り物です）」と言うと良いでしょう。

　また、もし皆さんがこうした贈り物を受け取る側の立場になったときは、プレゼントをいただいたら必ず相手の目の前ですぐ開けましょう。その際、包み紙は丁寧にはがさずに、思いきりバリバリッと破いてしまってOKです。そのほうが「プレゼントをいただいてうれしい！」という気持ちが伝わるということで、欧米では一般的なマナーとされています。日本人には抵抗がある習慣かもしれませんが、慣れると案外楽しいですよ。

覚えておきたい!
英単語・フレーズ
【チェックリスト】

☐	nice to ...	〜してうれしい
☐	(be) pleased to ...	〜できてうれしい
☐	set up	立ち上げる
☐	half a year	半年
☐	half an hour	30分
☐	anytime	いつでも
☐	(be) thrilled to ...	〜できてうれしい・わくわくする
☐	(be) glad to ...	〜できてうれしい
☐	have a chance to ...	〜する機会がある
☐	hear about ...	〜についての話を聞く
☐	Thank you for ...	〜していただきありがとうございます
☐	I hope ...	〜と望む
☐	How do you like ... ?	〜はどうですか？
☐	(be) new	初心者である
☐	learn from ...	〜から教わる
☐	(be) sure (that) ...	きっと〜だろう
☐	connect〔人〕with ...	〔人〕を〜につなぐ
☐	extension	内線
☐	Could you ... ? / Will you ... ?	〜していただけますか？
☐	May I ... ?	〜してもよろしいでしょうか？
☐	I'm afraid ...	残念ながら〜
☐	I'm sorry, but ...	申し訳ありませんが〜
☐	leave a message	伝言を残す
☐	call ... back	〜に電話を折り返しかける
☐	have ... call	〜に電話をかけさせる
☐	make sure ...	〜を確実にする
☐	have one's name	名前を聞く
☐	who's calling	どちらさま
☐	put on hold	保留にする
☐	put through	つなぐ
☐	on another line	ほかの電話に
☐	This is ... calling.	〜と申します
☐	Speaking.	私です
☐	gone for the day	直帰予定

☐	direct number	直通番号
☐	It was great to ...	~できてうれしかったです
☐	find ... well	~が元気にしていると知る
☐	all is well with ...	~が元気でやっている
☐	look forward to ...ing	~できることを楽しみにする
☐	hear from ...	~から連絡をもらう
☐	write about ...	~について書く
☐	for your assistance	ご協力いただいて
☐	in advance	あらかじめ
☐	as for ...	~については
☐	prompt reply	迅速な返答
☐	This is to confirm ...	~を確認するためです
☐	to inform you (that) ...	~をお知らせするために
☐	in reply to ...	~に答えて
☐	for your information	ご参考までに
☐	agenda	議題リスト
☐	vote	票を入れる
☐	get down to business	仕事(の話)を始める
☐	take a vote on ...	~について採決を取る
☐	a ten-minute break	10分の休憩
☐	move on to ...	~に移る
☐	wrap up	まとめる
☐	call it a day	これで終わりにする
☐	so much for today	今日はこれで十分
☐	Why don't we ... ?	~しましょうか?
☐	handout	配付資料
☐	pass out	配る
☐	(be) seated	座る
☐	focus on ...	~に集中する
☐	clarify one's point	要点を明確にする
☐	pros and cons	賛否
☐	(be) on the same page	同じ考えを持つ
☐	objection	反対意見
☐	set a deadline	締め切りを決める

Do you mind ...ing?	～していただけますか？
Sorry to bother you, but ...	ご迷惑をおかけして恐縮ですが、～
I'd appreciate it if you ...	～していただければ幸いです
I'd be grateful if you ...	～していただけるとありがたいです
over-priced	高すぎる
give approval	承諾する
some other time	別の機会に
plan B	第二の手段
dead-end	行き詰まった
(be) behind schedule	遅れる
action item	やるべきこと
push back	延期する
punch list	緊急対応リスト
day off	休み
I have to say that ...	～と言わざるを得ません
I'll need to see ...	～が必要です
ASAP	至急
right away	直ちに
at your earliest convenience	なるべくお早めに
I see what you're saying.	おっしゃることは分かります
in my opinion ...	私が思うに～
I understand your point.	あなたのご意見は理解できます
I look at it this way.	こういう見方もあります
That may work.	うまく行くかもしれません
What about ... ? / How about ... ?	～はいかがでしょう？
Sorry to interrupt.	話をさえぎってすみません
would like to offer	提案させていただきたい
(be) willing to offer	喜んで提案する
have to offer	提案できる
give a better offer	さらに良い条件を出す
play hardball	強気な態度を取る
deal with ...	～に対応する
Easier said than done.	言うは易し行うは難し

☐	There's no way ...	～は到底無理です
☐	not too happy	不満を感じる
☐	I am here today to ...	本日は～いたします
☐	the past ...	ここ～の（期間）
☐	the next ...	これから～の（期間）
☐	take a look at ...	～を見る
☐	First, ...	まず、～
☐	compare A to B	AをBと比べる
☐	represent	表す
☐	expected sales	予想される売上
☐	From these figures you can ...	これらの数字により～がお分かりいただけます
☐	latest	最新の
☐	consist of ...	～から成る
☐	turn to page ...	～ページを開く
☐	increase by ...	～ほど増える
☐	bestselling	最も売れ行きのいい
☐	feature	特徴・機能
☐	allow me to ...	～させてください
☐	The point is ...	ポイント（重要点）は～ということです
☐	market situation	マーケットの状況
☐	for your reference	ご参考までに
☐	memo	お知らせ
☐	(be) scheduled at ...	～時に予定されている
☐	gather in ...	～に集まる
☐	For more information,	詳細は、
☐	contact me at ...	～まで連絡してください
☐	confidential	極秘扱い
☐	To Whom It May Concern,	ご担当者様
☐	inquire	尋ねる
☐	in person	直接会って
☐	let ... know	～に知らせる
☐	your inquiry	ご質問
☐	previous e-mail	前回のメール
☐	earlier	もっと前に

☐	convenient for you	ご都合のいい
☐	give one's (best) regards to ...	～によろしく伝える
☐	do not hesitate to ...	遠慮なく～する
☐	Please find enclosed ...	～を同封いたします
☐	attached file	添付ファイル
☐	originally	もともとは・出身は
☐	lately	最近
☐	(be) amazed by ...	～に驚かされる
☐	How did you like it?	どうでしたか？
☐	get late	遅くなる
☐	had better ...	～したほうがいい
☐	get going	出発する
☐	go out for drinks	飲みに行く
☐	take ... to a restaurant	～をレストランに連れて行く
☐	How's ... ?	～はどうですか？
☐	work for ...	～にとって都合がいい
☐	Here's to ...	～に乾杯
☐	make a toast	乾杯の音頭を取る
☐	How do you like ... ?	～は気に入りましたか？
☐	Here's ...	～をどうぞ
☐	all right	問題ない
☐	(be) allergic to ...	～にアレルギーがある
☐	be part of ...	～の一部になる
☐	strongly	強く
☐	the best person for ...	～に最適な人間
☐	(be) eager to ...	～したくてたまらない
☐	well-known	世に知られた・周知の
☐	industry leader	業界のリーダー
☐	sincerely	心から
☐	multitasking	同時にいくつものことをこなす
☐	(be) good at ...	～に長ける
☐	weakness / weak point	短所
☐	strength / strong point	長所
☐	take responsibility	責任を取る

☐	gain	得る
☐	former job	前職
☐	meaningful experience	有意義な経験
☐	motivate	やる気にさせる
☐	to date	今まで
☐	(be) fully prepared to ...	～する準備がきちんとある
☐	positive attitude	前向きな姿勢
☐	review period	試用期間
☐	prerequisite	必須条件
☐	employee benefits	従業員手当
☐	everything you've done for ...	～のためにしてくれたこと
☐	feel comfortable	居心地がいい・快適に感じる
☐	(be) easy to talk to	話しやすい
☐	You will never know how much ...	どれほど～か分からないでしょう
☐	double efficiency	能率を2倍上げる
☐	appreciate	感謝する
☐	It's been great knowing you.	ご一緒できてうれしかったです
☐	(be) grateful	感謝している
☐	anytime	～のときはいつでも
☐	show ... around	～を案内する
☐	meet up	会う
☐	for a cup of coffee	コーヒーでも飲みながら
☐	(be) lucky to ...	～して幸運だ
☐	miss ...	～がいなくて寂しい
☐	Thanks to you, ...	あなたのおかげで、～
☐	will never forget	決して忘れない
☐	will always remember	ずっと覚えている
☐	have a wonderful trip	快適に旅する
☐	deal with jet lag	時差ぼけに対処する
☐	keep in touch	連絡を取り合う
☐	Good luck with ...	～の幸運を祈る

よしたに&源の
やってみよう！ビジネス英語

staff

- ●絵　　　　　　　よしたに
- ●企画・編集・監修　GLOPAL, Inc.
- ●英文校閲　　　　David Chester
- ●カバーデザイン　　松倉 浩
- ●本文デザイン　　　鈴木友佳
- ●CD制作協力　　　財団法人英語教育協議会

よしたに&源の やってみよう!ビジネス英語

絵　　よしたに
監修　GLOPAL, Inc.（グローバル）
発行者　風早健史
発行所　成美堂出版
　　〒162-8445　東京都新宿区新小川町1-7
　　電話(03)5206-8151　FAX(03)5206-8159
印　刷　広研印刷株式会社

©SEIBIDO SHUPPAN 2011　PRINTED IN JAPAN
ISBN978-4-415-31052-7

落丁・乱丁などの不良本はお取り替えします
定価はカバーに表示してあります

- 本書および本書の付属物を無断で複写、複製(コピー)、引用することは著作権法上での例外を除き禁じられています。また代行業者等の第三者に依頼してスキャンやデジタル化することは、たとえ個人や家庭内の利用であっても一切認められておりません。